Doppel-Klick 6

Differenzierende Ausgabe

Das Arbeitsheft Plus

Erarbeitet von
Grit Adam, Ulrich Deters,
Daniela Donnerberg, Dirk Hergesell,
August-Bernhard Jacobs, Renate Krull,
Melanie Rose, Werner Roose,
Rainer Schremb

Unter Beratung von
Andrea Brambach-Becker und Andrea Hüttig

Inhaltsverzeichnis

Doppel-Klick 6 — Differenzierende Ausgabe

Das Arbeitsheft Plus

Lösungen

Seite 5

2 *Überschriften und Schlüsselwörter:*
1. Absatz: Verschiedene Namen für Spatzen
2. Absatz: Verbreitung und Vorkommen
Westasien nach Europa, fast auf der ganzen Welt verbreitet, Südostasiens, Gegenden am Äquator, rund um die Pole
3. Absatz: Aussehen
Männchen, schwarze Kehle, dunklen Kopfplatte, schwarzen Streifen auf dem braunen Rücken, Weibchen, bräunlich mit einer hellen Unterseite, Jungen, gelbe Schnabelränder
4. Absatz: Nahrung
Körner und Samen von Gräsern, Getreide und Früchten, anpassungsfähiger Allesfresser, eiweißreiche Nahrung, pro Tag etwa 500 Insekten
5. Absatz: Zusammenleben
gesellige Vögel, Kolonien, Trupps, Schwärmen, größte und dunkelste Brustlatz, höchsten Rang, gemeinsame Staub- und Wasserbäder
6. Absatz: Nist- und Brutplätze
in Hecken oder dichten Bäumen, Spalten, Dächern, Büschen, Straßenlaternen, Storchennestern, Fabrikhallen

3 **b.** Das Wort „Mauser" bedeutet das Abwerfen und das Nachwachsen von Federn bei Vögeln.

c. eiweißreiche Nahrung zum Aufwachsen – Insekten, Raupen, Blattläuse

4 a) Der größte und dunkelste Brustlatz entscheidet, welcher Vogel den höchsten Rang einnimmt.
b) Spatzen leben fast überall auf der Welt, nur nicht in einigen Regionen Südostasiens, wenigen Gegenden am Äquator und rund um die Pole.
c) Spatzen fressen Körner und Samen von Gräsern, Getreide und Früchten. Junge Spatzen brauchen eiweißreiche Nahrung wie Insekten, Raupen und Blattläuse.
d) Die Männchen haben eine schwarze Kehle, eine dunkle Kopfplatte und einen braunen Rücken mit einem schwarzen Streifen. Die Weibchen sind bräunlich mit einer hellen Unterseite.

5

	richtig	falsch
a) Sperlinge haben sich von Afrika aus über die Welt verbreitet.	☐	☒
b) Das Sandbad der Sperlinge dient der Gefiederpflege.	☒	☐
c) Männchen und Weibchen sehen unterschiedlich aus.	☒	☐

Seite 6

1 **b.** Laufvögel ② Greifvögel ①

Kuckucksvögel ③ Sperlingsvögel ④

2 **a.** Der Hausspatz oder Haussperling gehört zur Familie der Sperlinge.

2 **b.** + **3** **a.**
Bestimmt hast du folgende Wörter markiert:
Sperlinge, Singvögel, Sperlingsvögel, Neukiefervögel, Vögel und Wirbeltiere. *Den Stammbaum dieser Tiere solltest du farbig ausgemalt haben.*

3 *So könntest du den Stammbaum beschrieben haben:*
Der Hausspatz oder Haussperling gehört zur Familie der Sperlinge, die zur Unterordnung der Singvögel gehört. Die Unterordnung der Singvögel ist Teil der Ordnung der Sperlingsvögel. Sperlingsvögel sind Neukiefervögel, die zu der Klasse der Vögel und damit zu den Wirbeltieren gehören.

Seite 7

4 *Sicherlich hast du die Zugvögel, Alligatoren und Libellen gestrichen.*

6 *Diese Sperlingsarten hast du bestimmt markiert:*
Feldsperling, Haussperling, Schneefink

7 a) mehr als 30 Ordnungen
Beispiele für Ordnungen: Eulen, Gänsevögel, Hühnervögel, Kranichvögel, Mausvögel, Papageienvögel, Röhrennasen, Seetaucher, Seglervögel
b) Schreivögel und Maorischlüpfer
c) Es gibt ungefähr 5700 Arten in der Ordnung der Sperlingsvögel.

Seite 9

3 *So könntest du die Fragen beantwortet haben:*
a) Singvögel haben ein leichtes Skelett. Sie können durch ihren Körperbau sehr gut das Gleichgewicht halten und haben eine kräftige Flugmuskulatur.
b) Membranen in der Kehle werden angespannt und durch Atemluft in Schwingungen versetzt.

4 *So könntest du die Aufgabe gelöst haben:*
Bild 1 zeigt einen Kolkraben und einen Haussperling. Das Bild macht deutlich, dass der Kolkrabe viel größer als der Haussperling ist.
Auf Bild 2 ist ein Vogelskelett zu sehen. Es zeigt den Aufbau eines solchen Skeletts.
Bild 3 zeigt einen Vogelkörper mit den Luftsäcken. Hier sieht man, dass die Luftsäcke sich in den Bauchraum erstrecken und mit den Bronchien verbunden sind.
Auf Bild 4 sieht man einen Singvogel, der singt. Man kann sehen, dass der Vogel beim Singen seinen Hals reckt.
Auf Bild 5 ist der Gesichtskreis eines Vogels abgebildet. Es wird verdeutlicht, dass Singvögel einen Gesichtskreis von 300° bis 320° haben.
Bild 6 zeigt einen Singvogel auf einer Leitung, wodurch verdeutlicht wird, dass Vögel ein sehr gut entwickeltes Gleichgewichtsorgan haben.

2 *Überschriften und Schlüsselwörter:*

1. Der Bestand der Sperlinge
2008 häufigste Vogel Deutschlands, Bestand zurückgegangen

2. Veränderte Lebensbedingungen in der Stadt
in Städten, keine Nist- und Brutplätze, bieten weder Nahrungsvielfalt noch Insekten, versiegelte Plätze

3. Veränderte Lebensbedingungen auf dem Land
auf dem Land, Tierhaltung technisiert, nicht mehr an Körnerfutter teilhaben, Gifteinsatz, Insektenarmut

4. Die Bekämpfung des Sperlings früher
vor etwa 250 Jahren, Prämie für getöteten Spatz, vermehrten die Insekten, Giftweizen

5. Der Vogel des Jahres
2002 Vogel des Jahres

3 *Diese Sätze sollten in deinem Heft stehen:*
König Friedrich der Große ließ eine Prämie auf jeden getöteten Spatz aussetzen.
Im Jahre *2002* wurde der Spatz zum Vogel des Jahres erklärt.
Spatzen finden in Parks *keine Vielfalt* an Samen.

4

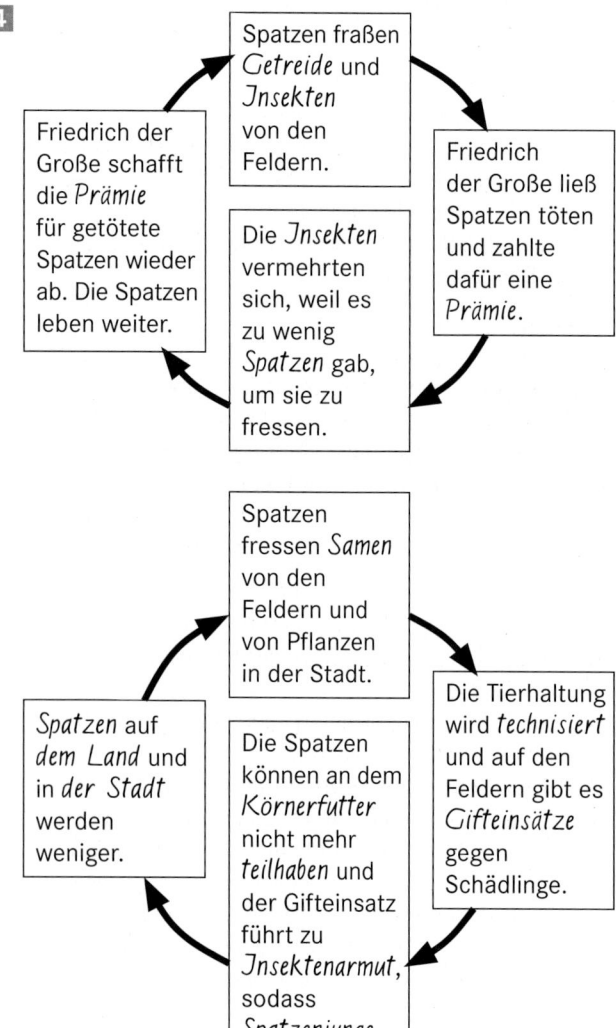

5 *So könntest du geantwortet haben:*
Die Menschen könnten versuchen, neue Lebensräume für die Spatzen zu schaffen. Man könnte z. B. an den glatten Fassaden von Häusern Nistmöglichkeiten anbringen und Orte mit Sand oder Staub für die Gefiederpflege einrichten. Man könnte ein besseres Nahrungsangebot schaffen, indem man Samenpflanzen in der Stadt und auf dem Land anpflanzt. Auf einen Gifteinsatz auf den Feldern sollte man verzichten, damit es wieder mehr Insekten gibt.

Das kann ich! – Auswertung	
37–50 Punkte	Du hast schon viel gelernt. Weiter so!
23–36 Punkte	Du kannst es sicher noch besser. Übe weiter.
0–22 Punkte	Arbeite die Seiten 4 bis 9 noch einmal durch.

1 *Diese Stichworte könntest du notiert haben:*
Gefunden 12. Mai 2010: eine Männeruhr von GFF, schwarzes Armband, silbernes Gehäuse, schwarzer Hintergrund und weiße Ziffern, 3 zusätzliche Messgeräte, Sekundenzeiger

2 b.

	Merkmale	Anzahl	Größe	Farben	Form
1	Armband	1		schwarz	lang und schmal
2	Gehäuse	1		silbern	rund
3	großes Zifferblatt	1	groß	schwarzer Hintergrund, weiße Zahlen, Zahl 12 ist rot, Striche der Zahlen leuchten	rund
4	Stundenzeiger	1	kurz	silbern	dick, vorne spitz zulaufend
5	Minutenzeiger	1	lang	silbern	dünn, vorne spitz zulaufend
6	Sekundenzeiger	1	lang	silbern	dünn, mit Pfeilspitze
7	kleine Zifferblätter	3	klein	weiß	rund
8	Datumsanzeige	1	klein	weiß	eckig
9	Firmenlogo	1	klein	weiß	
10	Einstellknöpfe	3	klein	silbern	rund

Lage/Beschriftung	Material	Funktion
1	oben und unten am Gehäuse befestigt	Leder	hält die Uhr am Arm
2	zwischen den Riemen vom Armband	Metall, Glas	beinhaltet alle Anzeigen
3	Mitte der Uhr		auf ihm sind alle Anzeigen angeordnet
4	Mitte der Uhr	Metall	zeigt die Stunden an
5	Mitte der Uhr	Metall	zeigt die Minuten an
6	Mitte der Uhr	Metall	zeigt die Sekunden an
7	zwischen der 2 und der 10		zum Stoppen der Zeit
8	rechts unten		zeigt das aktuelle Datum an
9	unter der 12; Buchstaben „GFF"		daran kann man erkennen, welche Firma die Uhr hergestellt hat
10	rechter Rand	Metall	zum Einstellen von Datum und Uhrzeit, zum Stoppen der Zeit u. a.

3 *So könnte dein Text lauten:*

Ulrichs Sportuhr

Die Uhr hat ein schwarzes Armband aus Leder. Das silberne Gehäuse besteht aus Metall und Glas. Das große, schwarze Zifferblatt hat eine 12-Stunden-Anzeige. Die Zahlen 1 bis 11 sind weiß und die 12 ist rot. Auf dem großen, schwarzen Zifferblatt befinden sich drei Zeiger. Der Stundenzeiger ist kürzer als die anderen beiden. Der Minutenzeiger und der Sekundenzeiger sind gleich groß, wobei der Sekundenzeiger dünner aussieht und eine Pfeilspitze besitzt.

In der unteren Hälfte des Zifferblattes erkennt man drei Zifferblätter, um Sekunden, Minuten und Stunden zu stoppen. Eines befindet sich links von der 3, eines rechts von der 9 und eines oberhalb der 6. Eine Datumsanzeige sieht man zwischen der 4 und der 5. Unterhalb der 12 steht das Firmenlogo GFF.

Am rechten Rand der Uhr gibt es drei Knöpfe. Mit dem mittleren Drehknopf stellt man die Uhrzeit ein. Oberhalb und unterhalb von diesem Knopf findet man die silbernen Druckknöpfe für die Stoppfunktion.

4 **a.** *Diese Informationen solltest du gestrichen haben:*
Rund ist sie nicht, aber auch nicht gerade. ... aber das macht nichts. Die Zeiger zeigen ja trotzdem in die Richtung. Die Uhr war nicht billig und passt farblich genau zu meinem Mantel. Ich würde sie gerne wiederhaben.

d. *So könntest du Irinas Armbanduhr beschrieben haben:*

Irinas Armbanduhr

Die Uhr hat ein türkisfarbenes Armband und vor allem die Kanten sehen durch die Nähte richtig edel aus. Das Gehäuse ist eckig, hat aber abgerundete Ecken. Es ist silbern und mit Schmucksteinen besetzt. Am rechten Gehäuserand ist ein Einstellknopf angebracht, mit dem man die Uhrzeit einstellen kann. Auch das Zifferblatt ist türkisfarben. Am unteren Teil ist es offen, sodass man in das Innere der Uhr sehen kann. Die Zahlen 5 bis 7 fehlen an dieser Stelle. Auf dem Zifferblatt befinden sich das Firmenlogo „Angersoll, since 1892" und über der Öffnung die Aufschrift „20 jewels". Auf dem Zifferblatt befinden sich zwei Zeiger. Beide Zeiger sind nach vorn spitz zulaufend, der Minutenzeiger ist aber länger und dünner als der Stundenzeiger. Die Uhr besitzt keine Datumsanzeige und sie geht etwas nach.

1 *Diese Beispiele hast du vielleicht notiert:*
besitzt, gibt es, befindet sich, erkennt man, besteht aus

2 Gehäuse, Einstellknöpfe, Zifferblatt

3 *So könnte deine Beschreibung aussehen:*

Sonjas Armbanduhr

Das Gehäuse der Uhr ist schwarz, viereckig und besteht aus Stahl. Auch das weiße Zifferblatt ist dadurch viereckig. Lediglich die Zahlen 3, 6, 9 und 12 sind dick und schwarz aus Stahl. Die Uhr besitzt drei Zeiger aus Stahl. Der kleine Stundenzeiger ist deutlich kürzer als die anderen beiden. Der Minutenzeiger sieht genauso lang aus wie der Sekundenzeiger, nur dass er dicker ist. Die Uhr verfügt über einen Einstellknopf, der am unteren Gehäuserand sitzt. Das Besondere an der Uhr ist das Armband: Es besteht aus gelbem Leder und wird unter dem Gehäuse der Uhr befestigt. Die silberne Schnalle des Verschlusses wirkt größer als das Zifferblatt.

Das kann ich! – Auswertung	
18–25 Punkte	Du hast schon viel gelernt. Weiter so!
11–17 Punkte	Du kannst es sicher noch besser. Übe weiter.
0–10 Punkte	Arbeite die Seiten 12 und 13 noch einmal durch.

1 Material:
Aus einem Kartenspiel benötigt man die Spielkarten Karo 7, 8, 9, 10, Ass und Kreuz 7, 8, 9, 10, Ass. Außerdem benötigt man eine Schere, Klebstoff, einen Bleistift und ein transparentes Lineal.

2 In dieser Reihenfolge muss der Trick vorbereitet werden:

|1| Mit Lineal und Bleistift ...

|2| Die Kreuzkarten 7, 8, 9 und 10 entlang ...

|3| Die obere Hälfte der Kreuzkarten probeweise ...

|4| Die ausgewählte Hälfte der Kreuzkarten auf ...

|5| Die präparierten Karten 7, 8, 9 und 10 so ...

|6| Das Kreuz-Ass unter die Karo-7 schieben. ...

3 Ergänzung zu Notiz *1*: Es gibt beim Anzeichnen noch etwas zu beachten. Die Diagonalen müssen bei allen Karten an der gleichen Ecke beginnen, z. B. unten links. Dabei ist es günstig, wenn ...

4 a. *So hast du bestimmt die Fotos nummeriert:*
1. Zeile: 11, 8, 12; 2. Zeile: 10, 7, 9

b. *Das sind die Zahlen der passenden Fotos:*

|8| Die Karten zusammenschieben.

|10| Hinter dem Rücken Stapel um 180 Grad drehen.

|11| Die Karten vorsichtig auffächern. Schnittflächen und rotes Ass nicht sichtbar.

|12| Den Fächer mit schwarzen Karten (Kreuz) zeigen.

5 a. |9| Hinter dem Rücken das schwarze *Ass* nach *vorne* legen.

6 b. *Siehe die Lösungen zu den Aufgaben 7 und 9.*

8 *Die richtigen Präsensformen sind:*
schneidet durch, befestigt, bildet

7 und **9**
So könnte dein Text in der man-Form aussehen:

Die magische Verwandlung von Karo zu Kreuz

Material
Für dieses Zaubertrick benötigt man aus einem Kartenspiel die Karokarten 7, 8, 9, 10 und Ass und die Kreuzkarten 7, 8, 9, 10 und Ass. Außerdem benötigt man eine Schere, Klebstoff, einen Bleistift und ein transparentes Lineal.

Vorbereitung
Mit Lineal und Bleistift zieht man auf den Kreuzkarten 7, 8, 9 und 10 eine diagonale Linie. Dabei muss man zwei Dinge beachten: 1. Die Linien müssen jeweils auf der langen Kartenseite ober- beziehungsweise unterhalb der Zahl beginnen und enden. 2. Die Linien müssen auf allen Karten an der gleichen Ecke beginnen. Die Kreuzkarten 7, 8, 9 und 10 zerschneidet man nun entlang der Linie.

Das Ass muss man ganz lassen. Jetzt legt man die obere Hälfte der Kreuzkarten probeweise auf die untere Hälfte der Karokarten. Die ausgewählte Hälfte der Kreuzkarten bestreicht man auf der Rückseite mit Klebstoff und klebt sie auf die obere Hälfte der Karokarten. Die präparierten Karten 7, 8, 9 und 10 fächert man so auf, dass nur die Karoseite zu sehen ist. Das Karo-Ass legt man obenauf, sodass die Kreuz-10 nicht zu sehen ist. Das Kreuz-Ass schiebt man unter die Karte mit der 7. Das Kreuz-Ass darf nicht mehr sichtbar sein.

Durchführung
Man zeigt den Zuschauern die roten Karten (Karo) als Fächer. Danach schiebt man die Karten zusammen. Hinter dem Rücken legt man das schwarze Ass nach vorne und dreht den Stapel um 180 Grad. Das muss schnell gehen und deshalb sollte man es besonders oft üben. Anschließend fächert man die Karten vorsichtig wieder auf und achtet darauf, dass die Schnittstellen und das rote Ass nicht sichtbar sind. Jetzt zeigt man den Zuschauern den Fächer mit schwarzen Karten (Kreuz).

1 b. Martin hat die Karokarten 7, 8, 9, 10 und Ass vergessen.

2 b. Kreuz. Die halben Kreuzkarten klebt man danach auf die passenden Karokarten 7, 8, 9 und 10. Jetzt kann man die vier veränderten Karten als Fächer in der Hand halten. Mit dem Lineal zeichnet man eine Linie von schräg links unten nach rechts oben und halbiert die Spielkarten mit der Schere.

3 *Die richtigen Zeitformen lauten:*
benötigt (Zeile 1); braucht (Zeile 3); ist, sieht (Zeile 12); hält (Zeile 13)

4 a. *So könntest du die Zeilen 16 bis 20 verbessert haben:*
Nun dreht man die Karten um, nimmt sie kurz hinter den Rücken und schiebt das Kreuz-Ass auf das Karo-Ass. Anschließend holt man die Karten wieder hervor und fächert sie vorsichtig auf. Jetzt zeigt man den Zuschauern zu ihrer Überraschung lauter Kreuzkarten.

5 b. Aus dem Spiel nimmt man die Kreuzkarten 7, 8, 9, 10 und das Ass. (Zeile 2)
Als oberste Karte hat man das Karo-Ass auf den Fächer gelegt. (Zeile 10–11)

6 Hinter dem Rücken dreht man den Stapel um 180 Grad.

7 *Deine überarbeitete Beschreibung sollte so aussehen wie deine Lösung zu Aufgabe 7 von Seite 16.*

Das kann ich! – Auswertung	
26–35 Punkte	Du hast schon viel gelernt. Weiter so!
16–25 Punkte	Du kannst es sicher noch besser. Übe weiter.
0–15 Punkte	Arbeite die Seiten 14 bis 16 noch einmal durch.

1 a. Frau Alba und Herr Demir beantworten alle W-Fragen.

b. *Diese Sätze und Wortgruppen solltest du durchgestrichen haben:*
Mein Sohn Albert hat sich furchtbar erschrocken … .
Die Mutter, Frau Jung, kenne ich. Sie arbeitet beim Bäcker, wo ich das leckere Krustenbrot kaufe.
Mein Albert würde so etwas nie tun. Er ist vernünftig.

2 Unfall im Zoo, 12. Mai 2010, elf Uhr, Mutter gar nicht hinschaute, Lena ins Wasser gefallen, sieben Jahre alt, nur fünf Grad, sofort den Notarzt gerufen, Mädchen um Hilfe geschrien, Tierpfleger zur Stelle, Tierpfleger festgehalten, Mädchen aus dem kalten Wasser ziehen, Unterkühlung festgestellt, Mädchen ins Krankenhaus, Lena blaue Lippen und zittert am ganzen Körper

3 *So könntest du die Fragen beantwortet haben:*
Wann passierte der Unfall? Der Unfall passierte am 12. Mai 2010 um elf Uhr.

Wo passierte der Unfall? Der Unfall passierte im Zoo am Becken des Robbengeheges.

Was ist passiert? Ein Mädchen fiel in das nur fünf Grad warme Wasser des Beckens.

Wer war beteiligt? An dem Unfall war die siebenjährige Lena Jung beteiligt. An der Rettung waren der Tierpfleger Herr Schmitz und der Besucher Herr Demir beteiligt. Außerdem waren die Mutter des Mädchens und ein Notarzt anwesend.

Wie kam es dazu? Das Mädchen kletterte auf den Zaun und verlor vermutlich das Gleichgewicht.

Was war die Folge? Der Notarzt stellte eine Unterkühlung fest und brachte das Mädchen zur Kontrolle ins Krankenhaus.

4 *So könnte dein Text lauten:*
Zuerst kletterte die siebenjährige Lena Jung auf den Zaun des Robbengeheges. Dabei verlor sie vermutlich das Gleichgewicht und stürzte in das nur fünf Grad warme Wasser des Beckens im Robbengehege. Der Tierpfleger Herr Schmitz hatte den Sturz beobachtet und eilte sofort zur Unfallstelle. Der Besucher Herr Demir rief mit seinem Handy sofort einen Notarzt. Danach half er dem Tierpfleger, das Mädchen aus dem Wasser zu retten. Dabei hielt er den Tierpfleger an seinem Overall fest. Sie brachten das nasse Mädchen zu seiner Mutter und legten es auf eine Bank. Der eingetroffene Notarzt stellte eine Unterkühlung fest und nahm das Mädchen zur Kontrolle mit ins Krankenhaus.

7

vorher	gleichzeitig/jetzt	später
zuerst	währenddessen	daraufhin
im ersten Moment	inzwischen	anschließend
sofort	nun	danach

8 *So könnte dein Bericht aussehen:*
12. Mai 2010
Bericht über den Unfall am Robbengehege
Der Unfall passierte am 12. Mai 2010 um 11:00 Uhr im Zoo am Robbengehege. Die siebenjährige Lena Jung kletterte auf den Zaun am Becken und verlor vermutlich das Gleichgewicht. Eine Passantin sah das kletternde Mädchen. Lena stürzte in das nur fünf Grad warme Wasser. Während ich die Robben fütterte, beobachtete ich den Sturz und eilte ihr zu Hilfe. Auch der Besucher Herr Demir sah den Unfall und rief mit seinem Handy sofort den Notarzt. Danach half er mir bei der Rettung, indem er mich an meinem Overall festhielt. Wir brachten das Mädchen zu seiner Mutter und legten es auf eine Bank. Der Notarzt, der inzwischen angekommen war, untersuchte das Kind. Er stellte eine Unterkühlung fest und nahm es zur Kontrolle mit ins Krankenhaus.

1 Wann passierte es? Wo passierte es? Was passierte? Wer war beteiligt? Wie kam es dazu? Was war die Folge? Was geschah der Reihe nach?

2 und **3**
Diese Verbformen solltest du markiert haben.
Die unterstrichenen Sätze kannst du für einen Bericht verwenden:
„Also, Lena und ich haben zu Weihnachten einen Gutschein für einen Zoobesuch bekommen. Heute hatte unsere Mutter endlich Zeit! Wir haben schon so lange gewartet. Zuerst waren wir im Streichelzoo, aber Lena fand, dass das nur etwas für kleine Kinder ist. Die Robben fanden wir immer schon toll. Und die Fütterung begann gerade. Also rannten wir schnell hin. Wir waren sehr neugierig. Lena meinte, dass man oben auf dem Zaun bestimmt besser sehen kann. Der Zaun ist nämlich sehr hoch. Für Lena geht es eigentlich noch, aber ich kann gar nicht drüberschauen. Trotzdem wollte ich nicht auf den Zaun. Aber Lena war auf einmal oben. Und dann war sie plötzlich weg! Ich hörte nur noch einen Schrei und dann einen Platscher. Ich hatte solche Angst.“

4 *So solltest du die Notizen nummeriert haben:*

8 mutige Besucher fingen die Eselin ein 2 Esel entlief 1 nach der Fütterung, 15:00 Uhr 10 Esel zurück im Gehege, nach 30 Minuten 4 ungefährliches, scheues Tier, weiblicher Esel, 5 Jahre alt 5 Tier lief im schnellen Galopp durch den Zoo 6 Eltern und Kinder sprangen schreiend zur Seite 9 Katharina lockte sie mit einer Möhre zurück in den Stall 11 alle unverletzt 3 Stalltür stand offen 7 aufgeregte Besucher alarmierten Katharina

5 *So könnte dein Bericht aussehen:*
Am 12. Mai 2010 nach der Fütterung um 15:00 Uhr entlief ein Esel im Zoo, weil die Stalltür offen gestanden hatte. Es handelte sich um ein ungefährliches, scheues, weibliches Tier, das 5 Jahre alt war. Das Tier lief im schnellen Galopp durch den Zoo. Eltern und Kinder sprangen schreiend zur Seite und aufgeregte Besucher alarmierten Katharina. Anschließend fingen mutige Besucher die Eselin ein und Katharina lockte sie mit einer Möhre zurück in den Stall. Nach 30 Minuten war der Esel zurück im Gehege. Alle Besucher und Mitarbeiter des Zoos blieben unverletzt.

Das kann ich! – Auswertung	
29–40 Punkte	Du hast schon viel gelernt. Weiter so!
18–28 Punkte	Du kannst es sicher noch besser. Übe weiter.
0–17 Punkte	Arbeite die Seiten 18 bis 20 noch einmal durch.

1 *Diese Behauptungen solltest du blau markiert haben:*
Kletterparks sind langweilig.
Kletterparks sind cool.
Diese Argumente solltest du rot markiert haben, die Einleitung des Arguments ist hier unterstrichen:
Klettern ist keine Erholung, weil es total anstrengend ist.
Man lernt, wie stark eine Gruppe ist, weil man teilweise als Team durch den Parcours klettert.

2 *Diese Textstellen solltest du rot markiert haben:*
... weil jeder Kletterer mit einem Seil und einem Karabinerhaken gesichert wird.
... weil man etwas Tolles geleistet hat.

Wenn man in Gruppen durch den Parcours klettert, lernt man, wie wichtig es ist, anderen zu helfen und Hilfe anzunehmen.

Es sind die Sätze mit den Buchstaben b) und f).

3 **a.** *Diese Argumente könntest du ergänzt haben:*
Kletterparks sind sicher (Behauptung), denn jeder Kletterer wird mit einem Seil und einem Karabinerhaken gesichert (Argument).
Im Kletterpark ist für jeden etwas dabei (Behauptung), denn es gibt unterschiedlich schwierige Parcours (Argument).
Aufgaben in Kletterparks sind zu schwer für Anfänger (Behauptung), weil manche Kinder gar nicht gut klettern können (Argument).
Im Kletterpark kommt es nicht nur auf Kraft an (Behauptung), weil Gleichgewicht und Mut bei vielen Wegen viel wichtiger sind (Argument).

4 **pro Kletterpark:**
Kletterparks sind sicher, denn jeder erhält das nötige Material zum Sichern. ①
Klettern ist eine gute Übung gegen Leichtsinn, weil man seine Grenzen kennen lernt und die eigenen Fähigkeiten besser einschätzen kann. ⑦
Einen Tag im Kletterpark muss man nicht aufwändig planen, denn alles, was man für die Sicherheit braucht, bekommt man gestellt. ⑨
Klettern dient der Klassengemeinschaft, denn man hilft anderen und nimmt auf sie Rücksicht. ⑪
Im Kletterpark ist für jeden etwas dabei, denn es gibt verschiedene Parcours mit verschiedenen Schwierigkeitsgraden für Anfänger, für Fortgeschrittene und für Profis. ②
Im Kletterpark kommt es nicht nur auf Kraft an, weil man mit gutem Gleichgewichtssinn, Vorsicht und Geschicklichkeit dabei oft weiterkommt. ④

kontra Kletterpark:
Man kann sich im Kletterpark durchaus wehtun, denn der Parcours endet mit einer Seilrutsche. Dabei kann man unten hart landen. ⑤
Ich werde mich bestimmt nicht trauen, über eine wackelige Hängebrücke zu gehen, weil ich Angst habe, dass die Mitschüler mich dabei auslachen werden. ⑥
Ich kann nicht klettern, weil ich Höhenangst habe. ⑧
Ich glaube nicht, dass der Kletterpark der Gruppe dient, weil am Ende doch jeder für sich allein über die Seile und Hängebrücken gehen muss. Dabei hilft einem niemand. ⑩
Aufgaben in Kletterparks sind zu schwer für Anfänger, weil Kletterparks für geübte Kletterer sind. ③

6 *Dieses Beispiel solltest du grün markiert haben:*
... wie meine Kusine, die danach wochenlang blaue Flecken hatte.

7 *So könntest du die Beispiele zugeordnet haben:*
Aufgaben in Kletterparks sind zu schwer für Anfänger, weil Kletterparks für geübte Kletterer sind. Ein Freund von meinem Bruder klettert so gut, dass er eine Stunde am Fels hangeln kann. ③
Klettern dient der Klassengemeinschaft, denn man hilft anderen und nimmt auf sie Rücksicht. Wie beim Bergsteigen wartet man auf den Langsamsten und gibt den anderen Tipps. ⑪
Im Kletterpark kommt es nicht nur auf Kraft an, weil man mit gutem Gleichgewichtssinn, Vorsicht und Geschicklichkeit dabei oft weiterkommt. Wer zum Beispiel auf dem Schwebebalken balancieren kann, hat es einfacher. ④
Ich kann nicht klettern, weil ich Höhenangst habe. Als ich im Urlaub mit meinen Eltern auf einer Klippe stand, konnte ich mich vor Angst nicht mehr bewegen. ⑧

Seite 25 – Das kann ich!

1 Deine Stellungnahme überzeugt, wenn du deine *Behauptungen* (*Meinungen*) mit *Argumenten* (*Begründungen*) begründest.

2 *Diese Behauptungen solltest du blau markiert und den Argumenten mit diesen Ziffern zugeordnet haben:*

Einen Besuch im Spaßbad müssen wir nicht aufwändig vorbereiten. ④

Im Spaßbad kann man wichtige Dinge für den Urlaub am Meer lernen. ⑥

Das Spaßbad ist kein Ausflugsziel für die ganze Klasse. ⑤

Ein Besuch im Spaßbad kann ein ganz besonderes Gemeinschaftserlebnis sein. ⑦

Ein Besuch im Spaßbad ist ein günstiges Vergnügen. ③

Für echte Schwimmer ist das Spaßbad langweilig. ①

Im Spaßbad haben nicht alle ihren Spaß. ②

Diese Argumente solltest du rot markiert haben:

Man kann dort nicht richtig schwimmen.

Die, die nicht gut schwimmen können, werden von den anderen oft geärgert.

Es ist in der Stadt und wir können mit den Schülertickets fahren.

Eine Voranmeldung per Telefon genügt und Schwimmsachen hat jeder.

Einige können nicht mitkommen, weil der Eintrittspreis hoch ist.

Im Wellenbecken kann man üben, durch Wellen zu tauchen und in Wellen zu schwimmen.

Es gibt viele Möglichkeiten für Spiele in Gruppen.

3 Mit aufblasbaren Kissen kann man gemeinsam eine Brücke bauen, über die man nur balancieren kann, wenn die anderen die Kissen im richtigen Moment halten ⑦.
Im Sommer im Freibad haben mich andere nassgespritzt und untergetaucht ②.

4 *So könntest du den Brief überarbeitet haben:*

Meschede, den 16. Juni 2010

Sehr geehrter Herr Lang,
in zwei Wochen möchten wir, die Klasse 6a, einen Ausflug ins Spaßbad nach Neustadt machen. Wir sind für den Ausflug und möchten Sie überzeugen, ihn zu genehmigen. Im Spaßbad kann man viel lernen, zum Beispiel für den Urlaub am Meer. Im Wellenbecken kann man üben, durch Wellen zu tauchen und in Wellen zu schwimmen. Außerdem dient diese Fahrt der Klassengemeinschaft, denn es gibt dort viele Möglichkeiten für Spiele in Gruppen. Zum Beispiel kann man mit aufblasbaren Kissen eine Brücke bauen, über die man nur balancieren kann, wenn die anderen sie im richtigen Moment halten. So wird auch unser Teamgeist gefördert. Auch wäre es für uns als Klasse ein günstiges und unaufwändiges Vergnügen, da das Spaßbad in der Stadt ist und wir es mit den Schülertickets erreichen. Schwimmsachen haben wir auch alle.
Wir bitten Sie aus diesen Gründen darum, unseren Antrag zu genehmigen.
Mit freundlichen Grüßen
Peter Meier

Das kann ich! – Auswertung

26–35 Punkte	Du hast schon viel gelernt. Weiter so!
16–25 Punkte	Du kannst es sicher noch besser. Übe weiter.
0–15 Punkte	Arbeite die Seiten 22 bis 24 noch einmal durch.

Seite 26

1 *So könnten deine Notizen aussehen:*
Für Mama! Frau Bunt hat angerufen, dringend zurückrufen bis 21:00 Uhr, E-Mail an Leonie: Adresse, Telefonnummer und E-Mail-Adresse von Knut, SMS an Adam: Ausfall 1. Stunde und Mathebuch

2 *Diese Begründungen könntest du gefunden haben:*

Ort	ja	nein	Begründung
an den Kühlschrank	✕		weil die Mutter immer hungrig nach Hause kommt und bestimmt noch einmal zum Kühlschrank geht
neben das Telefon		✕	weil sie ihn übersehen könnte, wenn das Telefon klingelt
an den Fernseher		✕	weil sie nicht jeden Abend fernsieht

Seite 27

3 und **4**
An: leonie.grebma@einoel.de
Betreff: Kontaktangaben Knut
Anlagen: Foto-Leonie-15.9.jpg

Hallo, Leonie,
wie versprochen hier die Kontaktangaben von Knut Ludwig: Seestraße 4, 23456 Knutsburg am Ludwigssee, Telefon: 01234/56789, E-Mail: giwdul.tunk@grubstunk.de.
Viele Grüße Sascha

PS: Anbei noch ein Foto von dir von der Klassenfahrt.

Seite 28

5 *So könntest du die SMS übersetzt haben:*
SMS 1:
Hi, Adam, die erste Stunde fällt aus. Das finde ich prima. Schlaf weiter. Und Frau Koops hat gesagt, du sollst das neue Mathebuch mitbringen. Oder willst du sie etwa enttäuschen? So verliebt, wie du in sie bist! Ich muss da immer über dich grinsen. Wir sehen uns Sascha

SMS 2:
Moin, Adam, voller Erfolg. Das klingt gut. Herrn Brinke hast du noch angesteckt. Ich lache mich kaputt. Du kannst noch für deine Lieblingslehrerin lernen. Und bring das neue Mathebuch mit. Mir macht das Sorgen, denn ich verstehe in dem Buch nichts und weiß noch nicht, wie das werden soll. Liebe Grüße Sascha

zu Seite 28

SMS 3:

Hey, Adam, Herr Brinke ist krank. Die erste Stunde ist frei. Ich bin erleichtert. Frau Koops will mit dem neuen Mathebuch anfangen. So ein Ärger, du musst es also mitbringen. Du hast es bestimmt schon gelesen und unter dem Kopfkissen liegen. Das war jetzt fies von mir. Oder? Ciao Sascha

6 *Diese SMS könntest du geschrieben haben:*
Hallo, Frau Moor, können Sie Adam bitte sagen, dass morgen die 1. Stunde ausfällt und er das neue Mathebuch mitbringen soll? Viele Grüße Sascha

Seite 29 – Das kann ich!

1 **b.** Leonie hat statt dem Zeichen @ ein Q geschrieben. Die richtige E-Mail-Adresse lautet: ahcsas.renegaw@einoel.de

c. Es fehlt eine Leerzeile nach der Anrede. Vor dem Gruß am Ende kann man auch eine Leerzeile setzen.

d. die Anlagen

e. *Das Ende der E-Mail sollte so lauten:*
Liebe Grüße
Leonie
PS: Anbei zwei Fotos von dir.

2 Das Datum erscheint bei einer E-Mail automatisch.

3 *So könnte dein Brief aussehen:*

10.10.2010

Hallo, Sascha,
ich danke dir für Knuts E-Mail-Adresse. Ich fand es lustig, dass er seinen Namen genauso umgedreht hat wie wir. Ich wollte mich auch für das Foto bedanken, aber ich grinse da wieder so. Eigentlich mag ich keine Fotos von mir.
Liebe Grüße Leonie
PS: Ich schicke dir auch zwei Fotos von dir mit.

Das kann ich! – Auswertung	
15–20 Punkte	Du hast schon viel gelernt. Weiter so!
9–14 Punkte	Du kannst es sicher noch besser. Übe weiter.
0–8 Punkte	Arbeite die Seiten 26 bis 28 noch einmal durch.

Seite 30

3 **Hauptperson und Situation:** (Frage b) Frau im Auto, Rückweg vom Einkaufen am Sperrmülltag, sieht Projektor, Reinbek bei Hamburg
Wunsch: (Frage e) den Projektor für ihren Mann mitnehmen
Hindernis: (Frage d) die Polizei nimmt sie mit
Reaktion: (Frage a) ruft Mann an
Ende: (Frage c) Missverständnis klärt sich auf

Seite 31

4 **a.** Eine *Kassiererin* einer *Tankstelle* bei *Flensburg*, deren *Tochter* in einem *Kindergarten* arbeitet, dessen *Leiterin* die *Schwester* der Hauptperson ist.

b. *Du hast bestimmt A angekreuzt.*

5 **b.** Im Text kommen Präsens und Perfekt vor.

c. Besonders häufig kommt die Zeitform Präsens vor.

Seite 32

8 *So könntest du den Text in die Ich-Form umgeschrieben haben. Dein Text kann auch im Präsens stehen:*
Mein Fund am Straßenrand
Wissen Sie, was mir neulich passiert ist? Ich wohne doch in Reinbek. Als ich vor einigen Tagen von Hamburg nach Hause fuhr, stand überall Sperrmüll am Straßenrand zum Abholen bereit. Plötzlich sah ich einen alten Filmprojektor, den musste dort jemand für die Abfuhr hingestellt haben. Ich nahm den Projektor mit, weil ich meinem Mann eine Freude machen wollte. Er sammelt nämlich diese alten Dinge. Während der Weiterfahrt hielt mich plötzlich ein Streifenwagen an. Dummerweise hatte ich meine Papiere vergessen und musste mit auf die Polizeiwache kommen. Noch im Polizeiauto rief ich meinen Mann an, um ihn zu bitten, mir die Papiere zu bringen. Auf der Polizeiwache fanden die Polizisten den Projektor und sagten mir, dass es sich um ein gestohlenes Radargerät handelt. Da bekam ich ganz schön Angst. Zum Glück kam mein Mann recht schnell und half mir, dieses Missverständnis aufzuklären.

11 **b.** *So könnte deine Überarbeitung aussehen:*
Das verschwundene Radargerät
In einem Büro in Hamburg erzählt ein Mitarbeiter in der Mittagspause seinem Chef: „Mein Bruder arbeitet doch in Lübeck. Wissen Sie, was dem Vater des Schulfreundes seines Sohnes passiert ist?
Der Mann arbeitet bei der Verkehrspolizei und an dem Tag haben sie ganz frühmorgens mehrere Radarfallen aufgestellt. Er fährt mittags mit einem Kollegen zu den Geräten, weil sie diese kontrollieren wollen. An einer Stelle kurz vor Flensburg ist kein Gerät. Jemand hat es gestohlen. ‚Wer entwendet der Polizei ein Radargerät?', fragt der Polizist seinen Kollegen. ‚Jemand, der gerade geblitzt wurde,' antwortet dieser und vermutet: ‚Der weiß nicht, dass die Bilder sofort an die Zentrale gesendet werden.' Der andere Polizist schlägt vor: ‚Wir sehen die Bilder durch'. ‚Ja, der Täter muss dabei sein', stimmt der Kollege ihm zu. Sie fahren also in die Zentrale. Es gibt 34 Bilder von Autos mit überhöhter Geschwindigkeit. Sie prüfen zuerst die Fahrer, die besonders schnell gefahren sind, denn für die wäre die Strafe besonders hoch. Da kommt die Meldung durch den Funk, dass bei einer Routinekontrolle eine Frau mit einem Radargerät im Kofferraum aufgegriffen wurde. Als die Frau in die Zentrale kommt, sind die Polizisten erleichtert, dass es sich tatsächlich um das gesuchte Gerät handelt. Die Frau aber haben sie auf keinem der 34 Bilder gesehen. Ihre Erklärung klingt verrückt: Es ist nur schwer zu glauben, dass sie die Radarfalle für einen Filmprojektor hielt. Aber als ihr Mann schließlich kommt und seine Frau unterstützt, schicken die Polizisten die beiden nach Hause."

1 A Er/Sie-Form
B Ich-Form

2 *In diese Reihenfolge solltest du die Absätze gebracht haben:*
- ☐1 *Hauptperson und Situation:* Ich bin Lydia und ich brauchte damals ganz dringend neue Schuhe.
- ☐2 *Wunsch:* Kyra aus der 6 b hatte genau diese Schuhe, die ich schon seit Wochen haben wollte.
- ☐3 *Hindernis:* Die Schuhe waren leider sehr teuer.
- ☐4 *Reaktion:* Ich überlegte, wie ich Papa dazu überreden könnte, mir die Schuhe zu kaufen.
  Da kam mir die Idee. Er schimpfte die ganze Zeit, dass er noch das Auto waschen muss. Und gleich kam die Sportschau.
- ☐5 *Ende:* Als ich es ihm vorschlug, sah er mich lächelnd an und fragte mich, was ich denn dafür will.

3 *Wörtliche Rede könntest du zum Beispiel nach dem Handlungsbaustein Reaktion verwenden:*
„Lieber Papa," sagte ich, „du freust dich doch bestimmt, wenn ich jetzt dein Auto wasche?"

5 *So könntest du die Geschichte geplant haben:*
Hauptperson und Situation: Mann, der sein Auto waschen muss
Wunsch: möchte die Sportschau sehen
Hindernis: muss sein Auto waschen
Reaktion: nimmt das Angebot seiner Tochter an
Ende: Tochter wäscht das Auto

Das kann ich! – Auswertung	
29–40 Punkte	Du hast schon viel gelernt. Weiter so!
18–28 Punkte	Du kannst es sicher noch besser. Übe weiter.
0–17 Punkte	Arbeite die Seiten 30 bis 32 noch einmal durch.

2 und **3** b.

Es sitzen die Finken auf einem Ast,	a
Die haben zur Herbstzeit den Abflug verpasst.	a
Da hocken sie nun und träumen	b
Von sommersonnigen Bäumen.	b
Doch beißt sie ein Windstoß von Zeit zu *Zeit*	c
Und zaust ihnen eisig das Federkleid	c
Und bringt ihren Ast arg ins Schwanken,	d
geraten die Träume ins *Wanken.*	d
Dann rucken sie hin und rucken sie her,	e
die frierenden Finken, und träumen nicht mehr.	e
Und ich höre sie, so will es mir scheinen,	f
ganz leise auf Finkenart *weinen.*	f

3 c. Das Reimschema des Gedichts ist der Paarreim.

4 Das Gedicht „Drei Finken" von Wolf Harranth besteht aus drei Strophen mit jeweils vier Versen. Das Reimschema des Gedichts ist der Paarreim.

7 *Diese Beispiele könntest du aufgeschrieben haben:*
a) „beißt sie ein Windstoß" (Zeile 5), „auf Finkenart weinen" (Zeile 12)
b) „sommersonnigen" (Zeile 4), „auf Finkenart" (Zeile 12)
c) „rucken sie hin und rucken sie her" (Zeile 9)
d) „Träume geraten ins Wanken" (Zeile 8)

9 *So könnte deine Analyse aussehen:*
Das Gedicht „Drei Finken" von Wolf Harranth besteht aus drei Strophen mit jeweils vier Versen. Das Reimschema des Gedichts ist der Paarreim. In dem Gedicht werden verschiedene sprachliche Bilder verwendet. Es werden menschliche Eigenschaften auf Tiere oder anderes übertragen („beißt sie ein Windstoß", Zeile 5), neue Wörter gebildet („sommersonnigen", Zeile 4), Wörter oder Wortgruppen wiederholt („rucken sie hin und rucken sie her", Zeile 9) und vorgestellte Dinge tun etwas oder bewegen sich („Träume geraten ins Wanken", Zeile 8).

1 Paarreim = *aabb,*
Kreuzreim = abab,
Umarmender Reim = *abba*

2 a. *Diese Reimwörter könntest du gefunden haben:*
Regen, Segen, fegen, regen, legen, …
Meise, Reise, weise, leise, Preise, …

3 Verse

4 Eine Einheit verbundener Verse nennt man Strophe.

5 Gedichte werden durch sprachliche Bilder anschaulich.

Das kann ich! – Auswertung	
15–20 Punkte	Du hast schon viel gelernt. Weiter so!
9–14 Punkte	Du kannst es sicher noch besser. Übe weiter.
0–8 Punkte	Arbeite die Seiten 34 und 35 noch einmal durch.

1 c. und **2** b.

Wörter mit drei Silben	Wörter mit vier Silben
Mit | ter | nacht	Schwer | ver | bre | cher
El | tern | haus	fest | ge | nom | men
Ge | burts | tag	Rie | sen | er | folg

Wörter mit fünf Silben	Wörter mit sechs Silben
u | ni | for | mier | te	oh | ren | be | täu | ben | der
Se | kun | den | schnel | le	Po | li | zei | be | am | te
Fuß | bo | den | hei | zung	Woh | nungs | ei | gen | tü | mer
	Sil | ves | ter | feu | er | werk

4 Als die Feuerwehr eintrifft (ein | tref | fen), brennt
(bren | nen) bereits das Dach.
In einige Länder kann (kön | nen) man nur mit einem
gültigen Pass (Päs | se) einreisen.
„Wir finden es nett (net | ter), dass Sie uns den Ball
zurückgeben", sagte ich dem Nachbarn.
„Komm (kom | men) schnell (schnel | ler), der Zug fährt
in wenigen Sekunden ab!", rief meine Freundin.

5 Mut und Erfolg
Der Sohn des Indianerhäuptlings sah, dass es seinem
Volk schlecht ging. Sie waren im Krieg mit dem Stamm
der Irokesen. Aber Schneller Pfeil von den Irokesen war
sein Freund. Und so schmiedeten sie einen Plan. „Du
läufst in unser Lager. Ich schleiche mich zu deinem Vater
und erkläre ihm, dass wir so lange nicht zurückgehen,
bis unsere Völker Frieden geschlossen haben." Um
Mitternacht führten sie ihren Plan aus. Sie hatten Erfolg.
Ihr Mut brachte tatsächlich ihren Stämmen den
ersehnten Frieden.

6

Merkwörter mit ä/äu		
Wörter mit einer Silbe	Wörter mit zwei Silben	Wörter mit drei Silben
schräg	das Gerät	der Kapitän
der Bär	der Käse	ungefähr
der Lärm	sägen	das Geländer
spät	die Träne	das Wollknäuel
	abwärts	
	fähig	
	die Säule	

Seite 38 – Das kann ich!

1 das *Gliedern*, das *Verlängern* und das *Ableiten*

2 oh | ren | be | täu | bend
in Se | kun | den | schnel | le
das Sil | ves | ter | feu | er | werk

3 Er ist weltbekannt. das Volk, der Erfolg, der Freund

4 Verlängern kann ich gut. Für die Reise in die USA
brauche ich einen Pass. Unser Nachbar ist nett zu mir.
Die Feuerwehr trifft rechtzeitig ein.

5 abwärts, schräg, Säule

6 hofft, abwärts, das Wollknäuel, der Monat,
der Schwerverbrecher

Das kann ich! – Auswertung	
16–22 Punkte	Du hast schon viel gelernt. Weiter so!
10–15 Punkte	Du kannst es sicher noch besser. Übe weiter.
0–9 Punkte	Arbeite die Seiten 36 bis 38 noch einmal durch.

1 verkommen, bekommen, entkommen, verdecken,
bedecken, entdecken, verraten, erraten, verhungern,
eröffnen, enttäuschen, verantworten, beantworten,
verzählen, erzählen, verwickeln, entwickeln, versuchen,
besuchen, ersuchen

2 b. errätst (erraten), entdeckt (entdecken), erzählte
(erzählen), beantwortet (beantworten), versucht
(versuchen), bekommen (bekommen), entgegnete
(entgegnen), enttäuscht (enttäuschen)

3 der Lebensmittelmarkt, das Wintersportwetter,
die Autobahnpolizei, das Kreuzfahrtschiff

4 die Fahrkarte, das Hörgerät, die Gießkanne,
der Bindfaden

die Blaubeere, das Edelholz, die Heißluft,
die Fremdsprache

5 Mein Traum: auf einem *Kreuzfahrtschiff* in die Südsee
reisen.
In einigen Jahren werde ich zwei *Fremdsprachen*
beherrschen.
Bei idealem *Wintersportwetter* fahren wir in den Schnee.
Mein Großvater benutzt seit kurzem ein *Hörgerät*.
Kurz vor Köln stoppte die *Autobahnpolizei* den Raser.
Der Ballon wird vor dem Start mit *Heißluft* gefüllt und
während der Fahrt wird nachgeheizt. Deshalb heißt
so ein Ballon auch *Heißluftballon*.

6 Sie lärmt. (lärmen)   Ich träumte. (träumen)
Er trauert. (trauern)   Es hagelt. (hageln)

7 meterlang, kampfstark, vitaminreich, liebevoll

8 schwer wie eine Tonne, tonnenschwer
weich wie Butter, butterweich
rot wie das Feuer, feuerrot
hart wie Stein, steinhart
scharf wie ein Messer, messerscharf
schwarz wie Pech, pechschwarz
schnell wie ein Pfeil, pfeilschnell
grün wie das Gras, grasgrün

9 b. Die Mutter rüttelte Tim *liebevoll* an der Schulter:
„Aufwachen!" „Schade, ich habe gerade so schön
geträumt. Es *hagelte* Süßigkeiten vom Himmel",
antwortete Tim. „Nun, *trauere* deinem Traum nicht
nach. In der Küche wartet ein leckeres Frühstück
auf dich", sagte die Mutter. „Bestimmt *vitaminreich*
und gesund, aber ohne Süßigkeit", beklagte sich Tim.
„Das hast du *messerscharf* erkannt", meinte seine
Mutter lächelnd.

1 **a.** Verben verbinden sich besonders häufig mit den Vorsilben *ver-*, *ent-*, *be-* und *er-*.

2 *Diese Bausteine könntest du eingesetzt haben:*
*ent*täuschen, die Autobahnpolizei, die Heiß*luft*, *ver*hungern

4 Es stürmt. (stürmen)   Sie lärmt. (lärmen)

6 feuerrot, steinhart, butterweich

7 Tim war schon dabei zu *verhungern* und stürzte sich auf das Frühstück. „Das Ei ist ja *steinhart*, aber ich will das Gelb *butterweich*!", nörgelte Tim *enttäuscht*. Das Gesichtchen seiner Schwester Julia lief *feuerrot* an. Sie hatte heute zum ersten Mal Eier gekocht.

Das kann ich! – Auswertung	
25–34 Punkte	Du hast schon viel gelernt. Weiter so!
15–24 Punkte	Du kannst es sicher noch besser. Übe weiter.
0–14 Punkte	Arbeite die Seiten 39 bis 41 noch einmal durch.

Seite 43

1

das macht's	zum macht's	beim macht's	im macht's
das Schreiben	zum Schreiben	beim Schreiben	im Schreiben
das Gehen	zum Gehen	beim Gehen	im Gehen
das Lesen	zum Lesen	beim Lesen	im Lesen
das Denken	zum Denken	beim Denken	im Denken
das Laufen	zum Laufen	beim Laufen	im Laufen
das Reisen	zum Reisen	beim Reisen	im Reisen

2 das schöne Schreiben, zum frühen Aufstehen, beim deutlichen Spüren, im schnellen Fahren

Seite 44

3 die Erzählung, die Wahrheit, die Ernährung, die Höflichkeit, die Klugheit, die Sparsamkeit, das Erlebnis, die Sicherheit, die Dankbarkeit, das Hindernis, die Schönheit, das Ärgernis, die Ehrlichkeit, das Geheimnis, die Pünktlichkeit, die Bewegung, das Ereignis, die Beschreibung, die Gesundheit

4 Höflichkeit und Pünktlichkeit gehören ganz bestimmt zum guten Benehmen.
In der spannenden Sendung ging es um ein großes Ereignis, über das man nichts weiß.
Meine Oma hat gute Tipps für die Gesundheit: früh schlafen gehen, oft zu Fuß gehen und viel arbeiten. Tipps zur Sparsamkeit gibt sie mir auch, aber mein Portmonee ist trotzdem immer leer. Sag mir ruhig die Wahrheit, denn Ehrlichkeit ist mir bei Freunden sehr wichtig.

6 Ich kann dir leider im Moment *nichts Neues* mitteilen.
In der Zeitung habe ich *etwas Wichtiges* gelesen.
Viel Erstaunliches haben wir bei unserer Reise in den Orient erlebt.
In dem Laden gab es nur *wenig Preiswertes*, das ich mir leisten kann.

1 Der Artikel *das* und die Wörter *beim*, *zum* und *im* machen's!
das Flüstern, beim Schreien, zum Üben
das leise Flüstern, das laute Schreiten, das fleißige Üben

Die Endungen *-heit*, *-keit*, *-ung* und *-nis* machen's.
die Schönheit, die Beschreibung, das Hindernis, die Pünktlichkeit

Die Wörter *etwas*, *nichts*, *viel* und *wenig* machen's.
wenig Wichtiges, viel Spannendes, nichts Neues

2 Zum Schreiben von guten Texten braucht man gute Ideen. Wer viel liest, bekommt auch gute Ideen.
Ich muss dir etwas Wichtiges mitteilen, damit du die Prüfung bestehst. Lies zunächst jede Aufgabe ruhig und konzentriert durch, bevor du anfängst zu schreiben.
Wer anderen Menschen mit Freundlichkeit und Höflichkeit begegnet, wird sicher auch höflich und freundlich behandelt.
Das lange Warten ist zu Ende, nun beginnen endlich die Sommerferien. Ich werde in den Ferien bestimmt viel Schönes erleben.
Ich bekam die Erlaubnis zum Öffnen der Tür.
Unter dem Weihnachtsbaum sah ich zu meiner Überraschung tatsächlich ein Aquarium.

Das kann ich! – Auswertung	
22–30 Punkte	Du hast schon viel gelernt. Weiter so!
14–21 Punkte	Du kannst es sicher noch besser. Übe weiter.
0–13 Punkte	Arbeite die Seiten 43 und 44 noch einmal durch.

Seite 46

1 *Diese Wortverbindungen könntest du eingesetzt haben:*
Eine Überraschung
„*Irgendetwas* stimmt hier nicht", dachte bestimmt unser Lehrer beim Betreten des Raumes. Normalerweise ist es nämlich so: *Irgendwelche* Mitschüler stehen noch zusammen und plaudern. *Irgendjemand* spielt den Clown und *irgendwo* hört man lautes Lachen. Heute jedoch saßen alle still auf ihren Stühlen. Es war mucks-mäuschenstill. *Irgendwie* war es unheimlich. Unser Lehrer war sprachlos. Plötzlich piepste es *irgendwoher* und *irgendein* Mitschüler begann zu kichern. Das wirkte ansteckend. *Irgendwann* lachte die ganze Klasse. Der Lehrer meinte schmunzelnd: „Ein solcher Unterrichtsbeginn gefällt mir."

2 *Ähnliche Sätze könntest du geschrieben haben:*
Ich habe ein bisschen Angst vor Hunden.
Manchmal esse ich zu viel auf einmal.
Der Weg ist ein wenig zu weit für mich.
Darüber hinaus habe ich keine Wünsche.
Ich habe gar keine Angst vor Hunden.

3 mittags, abends, vormittags, nachmittags, nachts, montags, dienstags, mittwochs, donnerstags, freitags, samstags

4 Der Schulleiter sagte zu den zwei Gewinnern des Lesewettbewerbs: „Ich wünsche *euch beiden* alles Gute." Die Lehrerin ordnete an: „Iris und Bea, *ihr beide* schließt die Fenster!" Jan meinte zu Ricky: *„Wir beide* sind für immer dicke Freunde."

Seite 47 – Das kann ich!

1 Wortverbindungen mit *irgend- werden immer zusammengeschrieben.*

Diese Wörter könntest du aufgeschrieben haben: irgendwo, irgendwie, irgendwann

2 gar nicht, ein bisschen, darüber hinaus

3 Das Wort *beide(n) wird immer kleingeschrieben.*

Tageszeiten und *Wochenzeiten mit einem s am Ende werden immer kleingeschrieben.*

4 „Gib mal deinen Ratzefummel", sagte Lisa *am Montag* in der ersten Stunde zu Jan. Jan verstand *gar nicht,* was Lisa wollte. „Sprichst du *montags* in Rätseln?", fragte er, *„irgendwie* ist das schon *ein bisschen* seltsam."

Das kann ich! – Auswertung	
15–20 Punkte	Du hast schon viel gelernt. Weiter so!
9–14 Punkte	Du kannst es sicher noch besser. Übe weiter.
0–8 Punkte	Arbeite die Seiten 46 und 47 noch einmal durch.

Seite 48

1 **Wörter mit i ohne e:** dir, Igel, gib, Tiger, Maschine, wir, Kaninchen, mir

Wörter mit ie: liegen, Biene, Ziel, Bier, Ziege, bieten, Wiese, Brief, die, Dieb, Diener, Dienstag, dieser, fiel, vier, viel, verschieden, verlieren, fließen, Vieh, Fliege, Frieden, frieren, trieben, Tier, tief, stießen, stiegen, ziehen, Stiefel, Spiel, Spiegel, spazieren, sieben, genießen, gießen, hielten, hier, hießen, sie, schwiegen, schrieben, schrie, schmieren, sieht, schließen, schliefen, schienen, Schiene, geliehen, schief, schieben, rieten, Riese, riefen, riechen, probieren, geschieht, piepen, Papier, niemand, nieder, nie, liest, fliehen, ließen, liegen, liefen, Lied, lieb

Wörter mit ih: ihm, ihn, ihr

2 Sehr häufig wird das **lang gesprochene i** als *ie* geschrieben.

Eher selten wird das **lang gesprochene i** als *i* geschrieben.

Nur dreimal wird das **lang gesprochene i** als *ih* geschrieben.

Seite 49

3 dir, gib, Igel, Kaninchen, Maschine, mir, Tiger, wir

4 Meine Eltern drücken *mir* die Daumen. *Gib* uns bitte den Ball zurück! Ich schenke *dir* ein Buch. Der *Tiger* sprang durch den brennenden Reifen. In unserem Garten entdeckte ich einen *Igel* und ein *Kaninchen.* Unsere Spül*maschine* ist voll. *Wir* schreiben eine Klassenarbeit.

Seite 49 – Das kann ich!

1 *Sehr häufig* wird das **lang gesprochene i** als **ie** geschrieben.
Nur dreimal wird das **lang gesprochene i** als *ih* geschrieben.
Eher selten wird das **lang gesprochene i** als *i* geschrieben.

2 dir, gib, mir, wir, Igel, Kaninchen, Maschine, Tiger

3 ihr, ihm, ihn

4 **b.** dir, gib, Maschine, mir

Das kann ich! – Auswertung	
15–21 Punkte	Du hast schon viel gelernt. Weiter so!
9–14 Punkte	Du kannst es sicher noch besser. Übe weiter.
0–8 Punkte	Arbeite die Seiten 48 und 49 noch einmal durch.

Seite 50

1 und **2** b.
Wörter mit a/ä: der Bär, die Dame, das Gras, der Faden, (sie) kamen, der Schal, sparen, (sie) waren, spät, nämlich, das Grab

Wörter mit o/ö: hören, holen, die Kröte, die Krone, der Monat, die Not, schön, stören

Wörter mit u/ü: die Blume, die Tür, grün, spüren, nun, die Schnur, die Schule, der Flur, gut, tun, müde, der Jude

Wörter mit e: der Wert, das Wesen, dem, wenig, der Herd, schwer, wem

3 **Nomen – Plural:**
der Bär – die Bären, die Dame – die Damen, das Gras – die Gräser, der Faden – die Fäden, der Schal – die Schals, das Grab – die Gräber, die Kröte – die Kröten, die Krone – die Kronen, der Monat – die Monate, die Not – die Nöte, die Blume – die Blumen, die Tür – die Türen, die Schnur – die Schnüre, die Schule – die Schulen, der Flur – die Flure, der Jude – die Juden, der Wert – die Werte, das Wesen – die Wesen, der Herd – die Herde

Verben: (sie) kamen, sparen, (sie) waren, hören, holen, stören, spüren, tun

sonstige Wörter: spät, nämlich, schön, grün, nun, gut, müde, dem, wenig, schwer, wem

5 fahren – befahren – die Fahrt – fahrtüchtig
zählen – bezahlen – die Zahl – zählbar
lehren – belehren – der Lehrer – lehrhaft
wohnen – bewohnen – die Wohnung – wohnlich
fühlen – anfühlen – das Gefühl – fühlbar
kehren – verkehren – der Verkehr – verkehrstüchtig

6 **Verben:** befahren, bewohnen, bezahlen, anfühlen, belehren, verkehren, anführen, bestehlen, auswählen, belohnen

Nomen mit Artikeln: die Fahrt, die Wohnung, die Zahl, das Gefühl, der Lehrer, der Verkehr, die Gefahr, die Bahn, die Uhr, der Fehler, das Jahr

Adjektive: fahrtüchtig, wohnlich, zählbar, fühlbar, lehrhaft, verkehrstüchtig, ehrlich, berühmt, beruhigt, kühl, gefährlich

sonstige Wörter: sehr, ohne

7 **Eine wichtige Überprüfung**
Vor jeder längeren *Fahrt* mit unserem Auto überprüft mein Vater, ob es auch wirklich *verkehrstüchtig* (*fahrtüchtig*) ist. Er sagt: „So habe ich ein gutes *Gefühl* und bin *beruhigt*. Reifen *ohne* ausreichendes Profil sind zum Beispiel sehr *gefährlich*. Denn auf regennasser Fahrbahn wird der Bremsweg länger."

8 fahren – *befahren* – die Fahrt – fahrtüchtig
zahlen – einzahlen – die Zahl – zahlbar
lehren – *belehren* – *der Lehrer* – lehrhaft
wohnen – bewohnen – *die Wohnung* – *wohnlich*

9 *Diese Wörter könntest du gefunden haben:*
abfahrbereit, abfahren, die Abfahrt, die Achterbahnfahrt, anfahren, die Ausfahrt, befahrbar, befahren, der Beifahrer, der Beifahrersitz, einfahren, die Einfahrt, entfahren, erfahren, die Erfahrung, fahrbar, fahrbereit, der Fahrdienst, die Fähre, der Fahrer, die Fahrerin, fahren, der Fahrersitz, das Fahrrad, die Fahrt, das Fahrtenbuch, der Fahrtenschreiber, fahrtüchtig, das Fahrverbot, die Gefahr, gefährlich, das Gefährt, losfahren, mitfahren, der Mitfahrer, überfahren, die Überfahrt, umfahren, verfahren

1 blühen – es *blüht*, ziehen – du *ziehst*, fliehen – sie *flieht*, gehen – er *geht*, drehen – er *dreht*, ruhen – sie *ruhen*

2 sie sieht – *sehen*, sie steht – *stehen*, er leiht – *leihen*, er droht – *drohen*, es weht – *wehen*, du mähst – *mähen*

3 **Ein Streit**
„Du ziehst mein gutes Shirt einmal an und schon sieht es gammelig aus! Dir leihe ich nie wieder etwas!", drohte Lukas seiner Schwester. „Du übertreibst doch", entgegnete sie. Dann drehte sie sich beleidigt um und ließ ihren Bruder einfach stehen.

Der Rasen
Der Vater sagte morgens: „Draußen weht ein heftiger Wind. Es zieht wohl ein Gewitter auf. Den Rasen werde ich heute nicht mähen können." Die Mutter meinte: „Vielleicht ist es schnell wieder trocken und es geht am Abend."

1 In den meisten Wörtern steht *kein h* nach einem **lang gesprochenen Vokal (a, e, o, u)** oder **Umlaut (ä, ö, ü)**.

Einige **wenige Wörter** werden nach lang gesprochenen Vokalen (a, e, o, u) oder Umlauten (ä, ö, ü) **mit h** geschrieben. Sie behalten das *h in allen Wortformen* der Wortfamilie. Einmal h – immer h!

Bei ein paar **wenigen Verben** beginnt die *zweite* **Silbe** mit einem **h**. Merke: Auch die meisten **einsilbigen Formen** dieser Verben werden *mit h* geschrieben.

2 c. grün, ohne, (sie) kamen, hören, der Fehler

Das kann ich! – Auswertung	
22–30 Punkte	Du hast schon viel gelernt. Weiter so!
14–21 Punkte	Du kannst es sicher noch besser. Übe weiter.
0–13 Punkte	Arbeite die Seiten 50 bis 52 noch einmal durch.

1 Ich weiß bestimmt, (dass) ich recht habe. Sie hofft sehr, (dass) der Zug pünktlich ist. Wir freuen uns, (dass) du wieder gesund bist. Wir wünschen dir, (dass) du den Wettkampf gewinnst. Ich glaube fest daran, (dass) ich die Prüfung bestehe. Ich spüre, (dass) du mir vertraust.

4 *In dieser Reihenfolge könntest du die Sätze aufgeschrieben haben:*

Hi, Andrea!
Ich sende dir liebe Grüße. Ich denke, (dass) ich dich bald besuchen werde. Ich weiß genau, (dass) du dich sehr darüber freuen wirst. Ich wünsche dir alles Liebe und gute Besserung. Auch meine Eltern wünschen dir, (dass) du schnell das Krankenbett verlassen kannst. Ich glaube fest daran, (dass) du bald wieder gesund bist. Bis bald!
Ciao
Pia

1 Vor der Konjunktion *dass* steht immer ein *Komma*.

3 **c. Ein Haustier auf dem Wunschzettel?**

Ich weiß, dass viele von euch Tiere mögen und einen solchen Wunsch haben. Aber bevor du ihn auf den Wunschzettel schreibst, musst du wissen, dass ein Tier kein Spielzeug ist. Bedenke, dass ein Tier viel Zeit erfordert. Besonders wichtig ist es, dass du das Tier artgerecht halten kannst. Ich wünsche dir, dass du eine gute Entscheidung triffst. Voraussetzung für die Entscheidung ist aber in jedem Fall, dass deine Familie einverstanden ist.

Das kann ich! – Auswertung	
15–20 Punkte	Du hast schon viel gelernt. Weiter so!
9–14 Punkte	Du kannst es sicher noch besser. Übe weiter.
0–8 Punkte	Arbeite die Seiten 54 und 55 noch einmal durch.

Seite 56

1 **Mein Urlaubsparadies**

Das Hotel: Es besitzt einen Spielkeller , ein Schwimmbad und eine Terrasse.
Der Garten: Im Garten gibt es Bäume , Sträucher , Blumen und Spielplätze. Dort kann man Volleyball , Basketball und Fußball spielen.
Die Stadt in der Nähe: Dort kann man einkaufen , bummeln und essen. Ein großes , modernes und billiges Spaßbad gibt es auch.
Mein Wunsch: Ich möchte in meinem Urlaubsparadies noch oft einen langen , sonnigen und spannenden Urlaub verbringen.

2 *So könntest du die Sätze ergänzt haben:*
Schulalltag
Heute stehen die Fächer *Sport, Musik, Deutsch und Englisch* auf meinem Stundenplan.
Manchmal ist der Unterricht *interessant, spannend oder lustig.*
In den Pausen *rennen, sitzen, essen oder trinken* wir auf dem Schulhof.
Vor einer Klassenarbeit sind manche Schüler *nervös, ängstlich oder zappelig.*

Seite 57

4 Begeistert sagte sein Freund: „Toll , dass du endlich da bist!"
„Das Essen ist fertig , liebe Gäste", verkündete die Gastgeberin.
Ihr Vater rief: „Vorsicht , da kommt ein Auto!"
Jan bettelte: „Vater , ich möchte mehr Taschengeld."
„Aua , du hast mich verletzt!", klagte seine Schwester.
Freudestrahlend meinte die Tante: „Dein Besuch freut mich sehr , Marie. Toll , dass du meiner Einladung so schnell Folge leistest."

5 *So könntest du die Sätze ergänzt haben:*
Die Dame rief ihren Hund: „Waldi , komm sofort hierher!"
„Liebe Eltern , ich freue mich, dass Sie heute Abend hier sind", begrüßte der Klassenlehrer die anwesenden Mütter und Väter.
„Aua , das Wasser ist zu heiß", schrie Lena ihre Schwester an, die ihr die Haare wusch.
Ein Mann rief dem Radfahrer zu: „Hallo , Sie haben etwas verloren!"

Seite 58

6 **Der kleine Igel (Teil 1)**

Als ich Anfang März zufällig in unseren Garten schaute , entdeckte ich mitten auf dem Rasen einen kleinen Igel. Weil ich neugierig wurde , lief ich hinaus. Als ich in seine Nähe kam , rollte er sich blitzschnell ein. Ich blieb stehen und wartete still. Nach einer Weile lief er munter weiter und begann, irgendetwas zu fressen. Schnell lief ich ins Haus und holte ein kleines Stück Apfel. Ich dachte: „Wenn er Hunger hat , wird er sich bestimmt darüber freuen." Als ich wieder in den Garten kam , huschte der Igel gerade durch ein Loch im Zaun in den Nachbargarten. Weil das Apfelstück ja für den Igel gedacht war , warf ich es über den Zaun. Als ich später noch einmal mit meiner Schwester nachschaute , konnten wir keine Igel mehr entdecken.

8 Er kam als Erster ins Ziel, weil er die beste Kondition hatte. Das wäre nicht möglich gewesen, wenn er nicht so hart trainiert hätte. Darum war er sehr stolz, als er auf dem Siegertreppchen stand.

1 Die Wörter einer **Aufzählung** *trennt* man durch *Kommas* voneinander. Ausnahme: Kein Komma vor *und* oder *oder*.

Anrede und *Ausruf* werden durch *ein Komma vom folgenden Satz* getrennt.

Beginnt ein Satz mit **als**, *weil* oder *wenn*, *folgt* häufig *etwas* später *ein Komma.* Das *Komma* steht *zwischen zwei Verben.*

2 **Der kleine Igel (Teil 2)**

Am nächsten Morgen fragte ich meine Schwester: „Steffi, ob der Igel wohl noch da ist?" Weil wir sehr gespannt waren, schlichen wir in den Garten. Weil unser Garten groß ist, mussten wir lange suchen. Enttäuscht sagte ich: „Wenn er noch hier ist, versteckt er sich wirklich gut." „Weil er gestern schon im Nachbargarten war, sollten wir auch da nachschauen", schlug Steffi vor. Ich entgegnete: „Wenn wir Glück haben, finden wir ihn dort." „Mensch, da ist er!", rief plötzlich leise meine Schwester. Der Igel blieb den ganzen Sommer bei uns.

Das kann ich! – Auswertung	
20–28 Punkte	Du hast schon viel gelernt. Weiter so!
13–19 Punkte	Du kannst es sicher noch besser. Übe weiter.
0–12 Punkte	Arbeite die Seiten 56 bis 58 noch einmal durch.

1 *Hier sind die Nomen im Singular markiert und im Plural unterstrichen:*

Das Zwergkaninchen als Haustier

Für die neuen Haustiere braucht man einen mindestens 120 cm langen, 60 cm breiten und 45 cm hohen Käfig. Im Sommer freuen sich die Kaninchen über ein Freigehege im Garten. Man muss sie dort aber im Auge behalten: Der Fuchs, der Hund, die Katze und große Vögel sind Feinde des Kaninchens und bedeuten Gefahr. Wenn es im Haus genug Platz gibt, verbringen die Lieblinge der Menschen den Winter im beheizten Zimmer. Für den Aufenthalt auf dem Balkon sind wichtige Tipps zu beachten. Bereits im Frühjahr müssen sich die Kaninchen daran gewöhnen, draußen zu leben. Nur dann bekommen die Zwergkaninchen ein dickes und weiches Fell, das sie im Winter warm hält. Ganz wichtig: Kaninchen sollten dann allerdings auf keinen Fall zwischendurch ins Haus geholt werden. Kommen sie anschließend draußen an die kalte Luft, können lebensgefährliche Erkältungen die Folge sein. Bei Anzeichen für eine Krankheit sollte man mit den Kaninchen sofort zum Tierarzt gehen.

2

der	das	die
der Käfig	das Zwergkaninchen	die Katze
der Sommer	das Haustier	die Gefahr
der Garten	das Freigehege	die Luft
der Fuchs	das Auge	die Folge
der Hund	das Kaninchen	die Krankheit
der Platz	das Haus	
der Winter	das Zimmer	
der Aufenthalt	das Frühjahr	
der Balkon	das Fell	
der Fall		
der Tierarzt		

3 a. + c.
Pluralendung -e: die Haustiere, die Feinde, die Lieblinge
Pluralendung -(e)n: die Menschen, die Erkältungen
Pluralendung -er: –
Pluralendung -s: die Tipps
keine Pluralendung: die Kaninchen, die Vögel, die Zwergkaninchen, die Anzeichen

b. + c.
Pluralendung -e: die Käfige, die Füchse, die Hunde, die Plätze, die Aufenthalte, die Balkone, die Fälle, die Tierärzte, die Haustiere, die Frühjahre, die Felle, die Lüfte
Pluralendung -(e)n: die Augen, die Katzen, die Gefahren, die Folgen, die Krankheiten
Pluralendung -er: die Häuser
Pluralendung -s: die Balkons
keine Pluralendung: die Sommer, die Gärten, die Winter, die Zwergkaninchen, die Freigehege, die Kaninchen, die Zimmer

4 *Diese Nomen könntest du gebildet haben:*
das Haustier, der Tierkäfig, der Tierpark, der Tierarzt, der Tierhalter, das Lasttier, der Tierfreund, das Tiergehege, das Arbeitstier, das Tierheim, das Tierbuch, die Tierquälerei, das Tierfutter, das Wildtier, das Faultier, das Raubtier, das Säugetier, das Stinktier, das Kuscheltier

5 *Diese Nomen könntest du gebildet haben:*
der Stinktierkäfig, das Raubtiergehege, der Kuscheltierfreund, die Wildtiernahrung, das Raubtierfutter, der Haustierhalter, das Raubtierbuch, der Raubtierkäfig

6 der Wohnraum = wohn(en) + der Raum
das Kaninchenbuch = das Kaninchen + das Buch
die Haustiere = das Haus + die Tiere
die Zoohandlung = der Zoo + die Handlung
der Ladenbesitzer = der Laden + der Besitzer
das Schlafhäuschen = der Schlaf + das Häuschen
die Winterluft = der Winter + die Luft
der Kaninchenkäfig = das Kaninchen + der Käfig
der Käfigboden = der Käfig + der Boden
das Futterschälchen = das Futter + das Schälchen

1 *Die Adjektive in den Steckbriefen sind:*
Das Kaninchen: groß, lang, kurzes, kurz, schwer, alt, nachtaktiv, zutraulich, gesellig, nackt, blind
Der Hase: groß, lang, langes, lang, schwer, alt, nachtaktiv, scheu, einzelgängerisch, behaart, offenen
Das Zwergkaninchen: klein, lang, mittellanges, kurz, leicht, alt, dämmerungsaktiv, nachtaktiv, scheu, einzelgängerisch, nackt, blind

2 a. *Diese Sätze könntest du geschrieben haben:*
Kaninchen sind so nachtaktiv wie Hasen.
Hasen sind so scheu wie Zwergkaninchen.
Hasen sind so einzelgängerisch wie Zwergkaninchen.
Kaninchen sind bei der Geburt so nackt wie Zwergkaninchen.
Kaninchen sind bei der Geburt so blind wie Zwergkaninchen.
b. Kaninchen sind kleiner als Hasen.
Hasen sind größer als Zwergkaninchen.
Die Ohren des Hasen sind länger als die Ohren des Zwergkaninchens.
Das Fell des Hasen ist länger als das Fell des Kaninchens.
Die Hinterbeine des Kaninchens sind kürzer als die Hinterbeine des Hasen.
Zwergkaninchen sind leichter als Kaninchen.
Hasen sind schwerer als Kaninchen.
Hasen werden älter als Kaninchen.
Kaninchen sind zutraulicher als Zwergkaninchen.
Kaninchen sind geselliger als Hasen.

zu Seite 62

c. Kaninchen sind kleiner als Hasen,
aber Zwergkaninchen sind am kleinsten.
Die Ohren des Kaninchens sind länger als die Ohren
des Zwergkaninchens, aber die Ohren des Hasen
sind am längsten.
Das Fell des Zwergkaninchens ist länger als das Fell
des Kaninchens, aber das Fell des Hasen ist am
längsten.
Die Hinterbeine des Kaninchens sind kürzer
als die Hinterbeine des Hasen, aber die Hinterbeine
des Zwergkaninchens sind am kürzesten.
Kaninchen sind schwerer als Zwergkaninchen,
aber Hasen sind am schwersten.
Zwergkaninchen werden älter als Kaninchen,
aber Hasen werden am ältesten.

3 a. *Diese Adjektive könntest du gebildet haben:*
das Messer + scharf = messerscharf
der Blitz + schnell = blitzschnell
die Feder + leicht = federleicht
die Tonne + schwer = tonnenschwer
der Zucker + süß = zuckersüß

Seite 63

1 a. *So solltest du die Nomen markiert haben.*
Die Farbe der Markierung steht in den Klammern.
Ich hätte gerne einen Esel *(blau)*, ein Pferd *(blau)* und
eine Katze *(blau)* und stelle mir vor: Der Esel *(gelb)*
hört so gut wie nie, wenn ich ihn rufe. Nur wenn ich
dem Esel *(grün)* Futter gebe, hört er. Das Fell des
Esels *(rot)* ist natürlich grau oder braun, aber das Fell
des Pferdes *(rot)* soll schwarz sein. Das Pferd *(blau)*
darf ich reiten, wenn ich freundlich zu dem Pferd
(grün) bin. Die Katze *(blau)* streichele ich gerne –
besonders den Schwanz der Katze *(rot)*, weil der sich
dabei so lustig bewegt. Einer Katze *(grün)* gebe ich nur
Katzenfutter. Auch einem Esel *(grün)* oder einem Pferd
(grün) gebe ich immer das richtige Futter. Denn der
Körper eines Esels *(rot)*, einer Katze *(rot)* oder eines
Pferdes *(rot)* braucht jeweils bestimmte Nährstoffe.
Übrigens: Nicht nur ein Pferd *(gelb)*, sondern auch
eine Katze *(gelb)* und ein Esel *(gelb)* müssen Auslauf
haben. Ich mag meine Wunschtiere alle drei: den Esel
(blau), die Katze *(blau)* und das Pferd *(blau)*, aber mein
Herz gehört der Katze *(grün)*.

b. **Nominativ:** der Esel, ein Esel; das Pferd, ein Pferd;
die Katze, eine Katze
Genitiv: des Esels, eines Esels; des Pferdes, eines
Pferdes; der Katze, einer Katze
Dativ: dem Esel, einem Esel; dem Pferd, einem Pferd;
der Katze, einer Katze
Akkusativ: den Esel, einen Esel; das Pferd, ein Pferd;
die Katze, eine Katze

2 a. Esels und Pferdes

b. Im Genitiv haben männliche und sächliche Nomen
im Singular die Endungen –*s* und –*es.*
Vor den männlichen und sächlichen Nomen im Genitiv
können die Artikel *des* oder **eines** stehen.

3 a. Du musst den Buchstaben m markieren.

b. Endet der Artikel mit dem Buchstaben m, dann steht
das Nomen im Dativ.

4 Nominativ und Akkusativ sind bei weiblichen Nomen
gleich.
Genitiv und Dativ sind bei weiblichen Nomen gleich.

Seite 64

5 *So solltest du die Wortgruppen markiert haben.*
Die Farbe der Markierung steht in den Klammern.
A Er ruft den störrischen Esel *(blau)*. Der störrische Esel
(gelb) hört nicht. Er gibt dem störrischen Esel *(grün)*
Futter. Das Fell des störrischen Esels *(rot)* ist grau.
Er reitet das kräftige Pferd *(blau)*. Das kräftige Pferd
(gelb) galoppiert. Der Schweif des kräftigen Pferdes
(rot) ist schwarz. Er gibt dem kräftigen Pferd *(grün)*
einen Apfel. Sie streichelt die niedliche Katze *(blau)*.
Die niedliche Katze *(gelb)* genießt. Sie gibt der
niedlichen Katze *(grün)* Katzenfutter. Der Schwanz
der niedlichen Katze *(rot)* ist lang.
B Ich hätte gerne einen störrischen Esel *(blau)*,
ein kräftiges Pferd *(blau)* oder eine niedliche Katze
(blau). Einem störrischen Esel *(grün)*, einer niedlichen
Katze *(grün)* oder einem kräftigen Pferd *(grün)*
würde ich Futter geben. Eine niedliche Katze *(gelb)*,
ein störrischer Esel *(gelb)* und ein kräftiges Pferd
(gelb) müssen Auslauf haben. Denn der Körper eines
störrischen Esels *(rot)*, einer niedlichen Katze *(rot)*
oder eines kräftigen Pferdes *(rot)* braucht
viel Bewegung.

6

Männlich	Bestimmter Artikel	Unbestimmter Artikel
Nominativ	der störrisch(e) Esel	ein störrisch(er) Esel
Genitiv	des störrisch(en) Esels	eines störrischen Esels
Dativ	dem störrischen Esel	einem störrischen Esel
Akkusativ	den störrischen Esel	einen störrischen Esel
Sächlich	**Bestimmter Artikel**	**Unbestimmter Artikel**
Nominativ	das kräftig(e) Pferd	ein kräftig(es) Pferd
Genitiv	des kräftigen Pferdes	eines kräftigen Pferdes
Dativ	dem kräftigen Pferd	einem kräftigen Pferd
Akkusativ	das kräftige Pferd	ein kräftiges Pferd
Weiblich	**Bestimmter Artikel**	**Unbestimmter Artikel**
Nominativ	die niedliche Katze	eine niedliche Katze
Genitiv	der niedlichen Katze	einer niedlichen Katze
Dativ	der niedlichen Katze	einer niedlichen Katze
Akkusativ	die niedliche Katze	eine niedliche Katze

Seite 65

7 **a.** *So solltest du die Wortgruppen markiert haben.*
Die Farbe der Markierung steht in den Klammern.
Flüssiger Brei *(gelb)* lässt sich gut verfüttern.
Frisches Wasser *(gelb)* sollte immer zur Verfügung
stehen. Harte Nahrung *(gelb)* ist wichtig für die Zähne.
Der Wassergehalt harter Nahrung *(rot)* kann weniger
als 50 % betragen. Der Wassergehalt flüssigen Breis
(rot) beträgt über 50 %. Der Wassergehalt frischen
Wassers *(rot)* liegt bei fast 100 %. Fester Nahrung
(grün) kann man frisches Gemüse beimischen.
Flüssigem Brei *(grün)* kann man Getreide beimischen.
Frischem Wasser *(grün)* mischt man gar nichts bei.
Wir verfüttern zu 60 % harte Nahrung *(blau)* und zu
40 % flüssigen Brei *(blau)*. Eine Trinkvorrichtung gibt
immer frisches Wasser *(blau)*.

b. + c.

Adjektiv und Nomen ohne Artikel			
	männlich	sächlich	weiblich
Nominativ	flüssiger Brei	frisches Wasser	feste Nahrung
Genitiv	flüssigen Breis	frischen Wassers	fester Nahrung
Dativ	flüssigem Brei	frischem Wasser	fester Nahrung
Akkusativ	flüssigen Brei	frisches Wasser	feste Nahrung

8 **a.** *So solltest du die Wortgruppen markiert haben.*
Die Farbe der Markierung steht in den Klammern.
Die braven Esel *(gelb)* beobachteten misstrauisch
die struppigen Katzen *(blau)*, die die Mäuse jagten.
Die Mäuse versteckten sich bei den weißen Pferden
(grün). Die weißen Pferde *(gelb)* weideten auf den
weiten Wiesen. Die Disteln ließen sie stehen, denn
Disteln waren ein Leckerbissen der braven Esel *(rot)*.
Und die leckeren Mäuse gehörten eigentlich den
struppigen Katzen *(grün)*. Die struppigen Katzen *(gelb)*
probierten von allen Seiten, zwischen den Hufen
der weißen Pferde *(rot)* an ihre Beute zu kommen,
ohne die weißen Pferde *(blau)* und die braven Esel
(blau) zu stören. Der hungrige Blick der struppigen
Katzen *(rot)* entging den braven Eseln *(grün)* aber nicht
und darum halfen sie den Mäusen.

b. + c.

Bestimmter Artikel, Adjektiv und Nomen im Plural			
	männlich	sächlich	weiblich
Nominativ	die braven Esel	die weißen Pferde	die struppigen Katzen
Genitiv	der braven Esel	der weißen Pferde	der struppigen Katzen
Dativ	den braven Eseln	den weißen Pferden	den struppigen Katzen
Akkusativ	die braven Esel	die weißen Pferde	die struppigen Katzen

9 *So solltest du die Nomen markiert haben.*
Die Farbe der Markierung steht in den Klammern.
Der Käfig meines Meerschweinchens *(rot)* steht
in meinem Zimmer *(grün)* an einem ruhigen Platz.
Denn in seinem Käfig *(grün)* soll mein Meerschweinchen
(gelb) seine Ruhe *(blau)* haben. Ich muss mein
Meerschweinchen *(blau)* abwechslungsreich füttern
und ihm Nagematerial für seine Zähne *(blau)* bieten.

Seite 66

1 **Die Bremer Stadtmusikanten – Teil 1**
Ein alter Esel *(Nominativ)*, der von **seinem Müller** *(Dativ)*
nicht mehr zur Arbeit gebraucht werden konnte, kam auf
die Idee *(Akkusativ)*, nach Bremen zu gehen und dort
lustige Musik *(Akkusativ)* zu machen. Unterwegs traf er
einen Hund *(Akkusativ)*, der **sein Schicksal** *(Akkusativ)*
teilte. Zu zweit machten sie sich auf **den Weg** *(Akkusativ)*.
Bald darauf gesellte sich **eine Katze** *(Nominativ)*,
die **keine Mäuse** *(Akkusativ)* mehr fangen konnte,
zu ihnen. Die Tiere kamen an **einem Hof** *(Dativ)* vorbei,
auf dem **ein Hahn** *(Nominativ)* krähte, denn er sollte am
Abend im Suppentopf landen. Er schloss sich den dreien
an und sie gingen zusammen weiter, bis sie bei Anbruch
der Dunkelheit *(Genitiv)* an **einen Wald** *(Akkusativ)*
kamen, wo sie übernachten wollten.

2 Da sahen *die vier Bremer Stadtmusikanten* (Nominativ)
in *der Ferne* (Dativ) ein Licht. Sie folgten *dem Licht*
(Dativ), bis sie vor *einem Haus* (Dativ) standen. Der Esel
schaute durch *das erleuchtete Fenster* (Akkusativ) und
erblickte *einen gedeckten Tisch* (Akkusativ), an dem
Räuber (Nominativ) speisten. Das Wasser lief *den vier
Bremer Stadtmusikanten* (Dativ) im Mund zusammen.
Sie beschlossen, *die Räuber* (Akkusativ) zu vertreiben.

Seite 67 – Das kann ich!

1 Nominativ: *Wer oder was?*   Dativ: *Wem?*
Genitiv: *Wen?*   Akkusativ: *Wen oder was?*

2 **Die Bremer Stadtmusikanten – Teil 2**
… Der Esel stellte sich mit *den Vorderfüßen* (Dativ) an
das Fensterbrett (Akkusativ), der Hund sprang *dem Esel*
(Dativ) auf *den Rücken* (Akkusativ), die Katze kletterte
auf *den Hund* (Akkusativ) und der Hahn setzte sich
der Katze (Dativ) auf *den Kopf* (Akkusativ).

3 Nun fingen alle an, **ihre Musik** *(Akkusativ)* zu machen,
und stürzten durch **das Fenster** *(Akkusativ)* in **die Stube**
(Akkusativ). Die Räuber flohen vor Angst in **den Wald**
(Akkusativ). **Die vier Bremer Stadtmusikanten**
(Nominativ) aber aßen und tranken nach Herzenslust
von den Vorräten **der Räuber** *(Genitiv)*. Um Mitternacht
kam **ein Räuber** *(Nominativ)* zurück. Als er **ein Licht**
(Akkusativ) anzünden wollte, sprang **dem Räuber** *(Dativ)*
die Katze auf den Kopf, biss ihm der Hund ins Bein, gab
ihm der Esel **einen Tritt** *(Akkusativ)* und schrie der Hahn.

Das kann ich! – Auswertung	
22–30 Punkte	Du hast schon viel gelernt. Weiter so!
14–21 Punkte	Du kannst es sicher noch besser. Übe weiter.
0–13 Punkte	Arbeite die Seiten 60 bis 66 noch einmal durch.

1 Mittwoch – dritter Tag der Klassenfahrt
Unsere Klassenfahrt ist wirklich super. Heute Morgen *besuchten* wir das Naturkunde-Museum. Ein Mitarbeiter *zeigte* uns viele interessante Dinge und *erklärte* uns, welche Pflanzen und Tiere an und in der Nordsee leben. Gunnar *fragte* ihn, ob es in der Nordsee auch Krokodile gebe. Da *lachte* die ganze Klasse! Das Museum war toll! Alle (und besonders Gunnar) *lernten* viel über die Natur an der Nordsee. Danach *machten* wir einen Spaziergang am Strand und *suchten* Muscheln. Abends *spielten* wir noch eine Stunde Tischtennis, bevor wir ins Bett gingen.

2 Die Klassenarbeit
Gestern *schrieb* die Klasse 6 b eine Mathearbeit.
Dabei *sah* Uwe heimlich auf das Heft seines Nachbarn.
Leise *verriet* der ihm die Lösung der Aufgabe.
Plötzlich *bat* der Mathelehrer laut um Ruhe.
Da *schwiegen* die beiden natürlich sofort.

3 a. *So solltest du die Endungen markiert haben:*
ich spielte, du spieltest, er/sie/es spielte, wir spielten, ihr spieltet, sie spielten
ich ging, du gingst, er/sie/es ging, wir gingen, ihr gingt, sie gingen

b. + d.
ich fragte, du fragtest, er/sie/es fragte, wir fragten, ihr fragtet, sie fragten
ich schrieb, du schriebst, er/sie/es schrieb, wir schrieben, ihr schriebt, sie schrieben

4 ich kaufte, du kauftest, er/sie/es kaufte, wir kauften, ihr kauftet, sie kauften
ich lernte, du lerntest, er/sie/es lernte, wir lernten, ihr lerntet, sie lernten
ich machte, du machtest, er/sie/es machte, wir machten, ihr machtet, sie machten
ich kam, du kamst, er/sie/es kam, wir kamen, ihr kamt, sie kamen
ich trank, du trankst, er/sie/es trank, wir tranken, ihr trankt, sie tranken
ich rief, du riefst, er/sie/es rief, wir riefen, ihr rieft, sie riefen

5 *So solltest du deine Tabelle ausgefüllt haben:*

Infinitiv	3. Person Singular Präteritum	Schwaches oder starkes Verb?
rechnen	er rechnete	schwach
riechen	er roch	stark
tanzen	er tanzte	schwach
schreiben	er schrieb	stark
sprechen	er sprach	stark
rutschen	er rutschte	schwach
fragen	er fragte	schwach
schneiden	er schnitt	stark
essen	er aß	stark

6 b. + c.
Gestern feierte die Klasse 6 b ihr Klassenfest. Es gefiel den Schülern und den Eltern sehr. Die Schüler spielten Theater und eine Schülerband machte Musik. Viele Gäste tanzten. Es gab Kuchen und Getränke. Auch viele Lehrer kamen. Alle hatten viel Spaß. Das Fest dauerte von 15:00 bis 18:00 Uhr. Danach räumten alle zusammen auf und gingen erst gegen 19:00 Uhr nach Hause. Das Fest war ein voller Erfolg!

1 b. *Diese Perfektformen mit „haben" solltest du mit Rot markiert haben:*
(sie) hat erzählt, (wir) haben (uns) unterhalten, (ich) habe gespielt, (wir) haben gelernt, (ich) habe getroffen, (wir) haben gegessen, (ich) habe geguckt

c. *Diese Perfektformen mit „sein" solltest du mit Blau markiert haben:*
(es) ist passiert, (wir) sind gegangen, (ich) bin gelaufen, (ich) bin gerannt

2 *So solltest du die Sprechblasen ergänzt haben:*
Du Arme! *Hast* du dich bei jemandem *angesteckt?*
Ja, wahrscheinlich. In meiner Klasse *haben* gestern viele *gefehlt*. Ich *bin* heute gleich zum Arzt *gegangen*.
Was *hat* der Arzt denn *gesagt*?
Er *hat* mir Medizin und drei Tage Bettruhe *verordnet*.

1 Die Lehrerin erzählt den Eltern von der geplanten Klassenfahrt: „Nächste Woche werde ich mit der Klasse nach Amrum fahren. Wir werden zehn Tage auf dieser schönen Nordseeinsel sein. Ein Bus wird uns am Montag von der Schule abholen. Er wird uns zum Fährhafen Niebüll fahren. Die Schüler werden die Fahrt mit der Fähre sicher genießen! Nach zwei Stunden werden wir wieder an Land gehen. In der Jugendherberge werden alle zuerst ihre Betten beziehen und etwas Freizeit haben. Dann wird es auch schon Abendbrot geben. Danach werden wir noch gemeinsam zum Strand laufen."

2 Formen von **werden**

ich *werde*	wir *werden*
du *wirst*	ihr *werdet*
er/sie/es *wird*	sie *werden*

3 *So könnte dein Text lauten:*
Kevin und Philip träumen von nächtlichen Abenteuern:
„Wir *werden* nachts zu den Mädchen ins Zimmer *schleichen*. Dann *werden* wir uns Lampen unters Kinn *halten*." „Die *werden* große Angst *bekommen*! *Wirst* du deine Draculamaske *mitnehmen?*" „Die *wird* wohl nicht auch noch in meinen Koffer *passen*." „Dann *werden* wir uns eben mit Bettlaken als Gespenster *verkleiden*." „Melanie *wird* bestimmt am lautesten *kreischen*."

1 b. – e.

Präteritumformen:
saßen, antworteten, erzählte, betonte, ergänzte, erzählte, fragte, erkundigte (sich), stöhnten

Perfektformen:
habt erlebt, hat veranstaltet, habe gebacken, hat besorgt, sind gekommen, haben geholfen, ist gefahren, hat gekauft, habt gemacht, haben gespielt, ist gewesen, habt aufgeräumt, seid gegangen, haben geholfen

Präsensform:
denkst

Futurform:
wirst (uns) zutrauen

2 **Beim Frühstück**
Als es gestern Morgen *klingelte*, *rannte* Olga wie der Blitz an die Tür. „Die Post *ist gekommen*", *sagte* sie gelangweilt, als sie zurück in die Küche *kam*. „*Hast* du jemand anderes *erwartet*?", *fragte* ihr Bruder und *grinste*. Olga *wurde* rot und *fauchte*: „Das *geht* dich gar nichts an!"

3 Derya: „Was habt ihr gestern aufgeführt?"
Peter: „Wir haben einen Sketch vorgespielt und einige Lieder gesungen."
Derya: „Wie hat es den Eltern gefallen?"
Peter: „Alle haben sich gut amüsiert, die Eltern und die Lehrer."

1 Viele Gäste *besuchten* das Klassenfest der Klasse 6 b. Das Programm war toll: Die Klasse *spielte* Theater und eine Schülerband *machte* Musik. Nach den Aufführungen *aßen* alle Kuchen und *tranken* Cola oder Saft. Gegen Abend *gingen* dann alle fröhlich nach Hause.

2 Kerstin erzählt: „Am besten *hat* den Eltern die Aufführung gefallen. Aber mittendrin *hat* Herr Gras, unser Biologielehrer, plötzlich laut gegähnt." – „Aber er *ist* doch nicht etwa eingeschlafen, oder?" – „Doch, aber nur kurz. Uli und Svenja *sind* zu ihm gegangen und *haben* ihn geweckt. Da *ist* er natürlich sofort aufgewacht und sehr rot geworden!"

3 „Aber niemand ist ihm böse gewesen – alle *haben* nur *gelacht*. Später *ist* Herr Gras dann sogar selbst auf die Bühne *gekommen* und *hat* ein Lied *gesungen*."

4 Die Lehrerin überlegt: „Ich hoffe, Kevin, Jorma und Philip werden sich während der Reise ordentlich verhalten! Die Schifffahrt wird allen gefallen. Während der Fahrt werden wir an Deck in der Sonne sitzen. Die Schüler werden ihre Brote essen. Vielleicht werden manche auch die Möwen füttern. Hoffentlich wird niemand über Bord fallen!"

5 *Diese Präsensformen solltest du mit Blau markiert haben:*
bin, passen auf

Diese Präteritumformen solltest du mit Rot markiert haben:
hatten, verschlief, weckten, erschrak, rief, schimpfte, wurde, entschuldigte sich, sang vor

Diese Perfektformen solltest du mit Grün markiert haben:
ist passiert, sind eingeschlafen

Diese Futurform solltest du mit Gelb markiert haben:
werden erzählen

Das kann ich! – Auswertung	
32–44 Punkte	Du hast schon viel gelernt. Weiter so!
20–31 Punkte	Du kannst es sicher noch besser. Übe weiter.
0–19 Punkte	Arbeite die Seiten 68 bis 72 noch einmal durch.

1 c. anmelden, hinfahren, vorzeigen, hereinrufen

2 *Diese Sätze könntest du geschrieben haben:*
Marie *liegt krank im Bett und ruft ihre Mutter*.
Ihre Mutter *ruft den Arzt an, um einen Termin zu machen*.
Die Arzthelferin *ruft Marie Bader auf*.

3 Dr. Heilmann *sieht* Marie genau *an* und *fragt* sie über ihre Beschwerden *aus*. Dann *schreibt* er ihr ein Medikament *auf*. Zuletzt sagt er: „Marie, bitte *komm* in einer Woche *wieder*."

4 a. losgehen, vorgehen, hingehen, mitgehen, untergehen, weitergehen, weggehen, ausgehen, zurückgehen

6 *Diese Verben sind <u>nicht</u> trennbar:*
befühlen, gehören, verbringen, entlaufen, erzählen, zerbrechen

1 a. *Diese Verbformen solltest du markiert haben:*
kehrt zurück, kommt an, bereitet zu, stellt zurück, ruft zu, bereitet vor, fahre los

b. zurückkehren, ankommen, zubereiten, zurückstellen, zurufen, vorbereiten, losfahren

2 Boris hat sich am Knie verletzt und muss zum Arzt. Seine Mutter *fährt* ihn mit dem Auto *hin*. Boris *meldet* sich am Empfang *an*. Etwas später *ruft* ihn die Arzthelferin *hinein*. Der Arzt *sieht* sich sein Knie genau *an*. Dann *schreibt* er ihm eine Salbe *auf*. Natürlich *holt* ihn seine Mutter wieder *ab*.

Das kann ich! – Auswertung	
15–20 Punkte	Du hast schon viel gelernt. Weiter so!
9–14 Punkte	Du kannst es sicher noch besser. Übe weiter.
0–8 Punkte	Arbeite die Seiten 74 und 75 noch einmal durch.

1 Der Fahrradhändler hat sie genau eingestellt.
Wen oder was hat der Fahrradhändler genau eingestellt?
– sie (Akkusativ).

Ich habe ihm dabei zugeschaut.
Wer oder was hat ihm dabei zugeschaut? – ich (Nominativ).
Wem habe ich dabei zugeschaut? – ihm (Dativ).

Der Händler hat es mir erlaubt.
Wen oder was hat der Händler erlaubt? – es (Akkusativ).
Wem hat der Händler es erlaubt? – mir (Dativ).

Bei Problemen kann ich ihn jederzeit anrufen.
Wer oder was kann bei Problemen jederzeit anrufen? –
ich (Nominativ).
Wen oder was kann ich bei Problemen anrufen? – ihn
(Akkusativ).

2 *So solltest du die Personalpronomen markiert haben.*
Die Farbe der Markierung steht in den Klammern.
Personalpronomen im Plural sind eingekreist.
Hallo, Lukas,
viele Grüße aus Wewer. Ich *(gelb)* hoffe, dass du *(gelb)*
die Ferien genießt! Ich *(gelb)* habe mir *(grün)* letzte
Woche ein neues Fahrrad gekauft. Ich *(gelb)* würde
es *(blau)* gern mit dir *(grün)* testen. Es *(gelb)* hat eine
laute Klingel! Die Kettenschaltung funktioniert sehr
gut. Sie *(gelb)* hat achtzehn Gänge. Der Fahrradhändler
hat sie *(blau)* genau eingestellt. Ich *(gelb)* habe ihm
(grün) dabei zugeschaut. Wann kommst du *(gelb)*
mich *(blau)* besuchen? Du *(gelb)* könntest auch Adrian
mitbringen. Frage ihn *(blau)* doch bitte, ob er *(gelb)*
mitkommen will. Wir *(gelb)* könnten im Garten zelten.
Habt ihr *(gelb)* Schlafsäcke? Bitte bringt sie *(blau)* mit.
Wenn ihr *(gelb)* kommt, hole ich *(gelb)* euch *(blau)*
am Bahnhof ab.
Oma und Opa wollen Adrian und dich *(blau)* mit zum
Grillen einladen. Wenn nichts dazwischenkommt,
werde ich *(gelb)* ihnen *(grün)* sagen, dass wir *(gelb)*
am Samstagabend um 18:00 Uhr da sein werden. Opa
wird uns *(grün)* dann leckere Würstchen grillen. Sie
(gelb) werden euch *(grün)* bestimmt schmecken. Opa
stellt sie *(blau)* selbst her! Oma hat eine kleine
Überraschung für uns *(blau)*. Ich *(gelb)* konnte ihr *(grün)*
aber leider nicht entlocken, was das für eine
Überraschung ist. Ich *(gelb)* bin gespannt …!
Bis hoffentlich bald
Frank

3 *So sollte deine Tabelle im Heft ausgefüllt sein:*

		Nominativ	Dativ	Akkusativ
Singular	1. Person	ich	mir	mich
	2. Person	du	dir	dich
	3. Person	er/ sie/ es	ihm/ ihr/ ihm	ihn/ sie/ es
Plural	1. Person	wir	uns	uns
	2. Person	ihr	euch	euch
	3. Person	sie	ihnen	ihnen

4 b. Anja und ich gehen ins Kino. Zuerst kaufen wir die
Karten. Dann wird es knapp. Eine Cola können wir
nicht mehr trinken.
Paul hat erzählt, dass er ein neues Mountainbike
bekommen hat. Es ist gefedert. Dadurch gleicht es
Schlaglöcher aus. Deshalb ist es auch sehr bequem.

1 Personalpronomen kann man für *Personen, Lebewesen*
und *Dinge* einsetzen.

2 *Diese Sätze sind richtig:*
A Personalpronomen gibt es im Singular und im Plural.
B Personalpronomen kommen im Nominativ, Dativ
oder Akkusativ vor.

3 *Hier sind die Personalpronomen im Singular markiert,*
im Plural eingekreist:
Ich gab ihm die Nummer von ihr. Sie fand es gut,
dass er sie anrief. Wir freuten uns mit ihnen,
dass sie in Kontakt kamen. Kennen sie euch?

4 Corinna hofft, dass der Lehrer sie für die Mathearbeit
lobt. *Akkusativ*
Mareike hat ihr beim Lernen geholfen. *Dativ*

Das kann ich! – Auswertung	
16–22 Punkte	Du hast schon viel gelernt. Weiter so!
10–15 Punkte	Du kannst es sicher noch besser. Übe weiter.
0–9 Punkte	Arbeite die Seiten 76 und 77 noch einmal durch.

1 Peter spielt gern Fußball. Das ist *sein* Hobby.
Uta geht gern ins Kino. Das ist *ihr* Hobby.
Karin und Ali spielen gern Handball und Volleyball. Das
sind *ihre* Hobbys.
Aishe fragt Kevin: „Was ist *dein* Hobby?"
Kevin antwortet: „*Mein* Hobby ist das Skilaufen."
Julia fragt David und Oliver: „Und was sind *eure* Hobbys?"
Sie antworten: „*Unsere* Hobbys sind Hockey und Tennis."

3 Diese Idee hatte sie. *Es war ihre Idee.*
Der Füller gehört mir. *Es ist mein Füller.*
Der Brief ist für dich. *Es ist dein Brief.*
Den Ärger habt ihr. *Es ist euer Ärger.*
Das Rad gehört ihm. *Es ist sein Rad.*
Das Geschenk ist für euch. *Es ist euer Geschenk.*

4 b. + c.
So solltest du die Possessivpronomen markiert haben.
Die Farbe der Markierung steht in den Klammern.
Wenn dein *(blau)* Dackel meinem *(grün)* Dackel eine
dackelt, dann dackelt mein *(blau)* Dackel deinem *(grün)*
Dackel so eine, dass dein *(blau)* Dackel nicht mehr
dackeln kann.

d. Wenn euer Dackel unserem Dackel eine dackelt,
dann dackelt unser Dackel eurem Dackel so eine,
dass euer Dackel nicht mehr dackeln kann.

5 *Hier sind die Possessivpronomen markiert,*
die Personalpronomen unterstrichen:
In unserem letzten Urlaub waren wir an der Nordsee.
Ich wollte meine neue Luftmatratze ausprobieren und
lief damit ins Wasser. Mein Vater rief noch: „Paddel nicht
so weit raus, das Ding ist kein Boot – und du kannst
nicht schwimmen!" Leider hörte ich seine Worte zu spät.
Eine hohe Welle warf mich von meiner Matratze ins
Wasser. Gut, dass ich aus Spaß die Schwimmflügel
meiner kleinen Schwester angelegt hatte und ihren
Schwimmring ebenfalls. Mit der nächsten hohen Welle
gelang mir so die Flucht an Land.

Seite 79 – Das kann ich!

1 Possessivpronomen zeigen an, *wem etwas gehört.*
Sie können im **Singular** oder im **Plural** stehen.

2 Franzi fragt *ihren* Freund Nick: „Was ist *dein*
Lieblingsessen?"
Nick antwortet *seiner* Freundin: „*Mein* Lieblingsessen
ist Pizza."

3 *Hier sind die Possessivpronomen markiert.*
Olga ist letztes Jahr mit ihren Eltern und ihrem Bruder
in eine neue Stadt gezogen. Ihr Vater hatte seinen Job
gewechselt. Olga war traurig, weil sie ihre Freundinnen
nicht verlieren wollte. Aber in ihrer neuen Klasse fühlte
sie sich sofort wohl. Allerdings ist ihre Klassenlehrerin
etwas streng. Sie fragt jeden Tag: „Olga, hast du deine
Aufgaben gemacht?" Ihr Bruder ist sehr unzufrieden.
Er vermisst seine alten Freunde.

Das kann ich! – Auswertung	
12–17 Punkte	Du hast schon viel gelernt. Weiter so!
8–11 Punkte	Du kannst es sicher noch besser. Übe weiter.
0–7 Punkte	Arbeite die Seiten 78 und 79 noch einmal durch.

Seite 80

1 Aussagesatz: Jeden Ball | hielt | der neue Torwart.
Fragesatz: Hielt | der neue Torwart | jeden Ball?

2 Bietet | der Jugendtreff | den Schülern |
viele Möglichkeiten?

Den Schülern | bietet | der Jugendtreff |
viele Möglichkeiten.

Bietet | den Schülern | der Jugendtreff |
viele Möglichkeiten?

Viele Möglichkeiten | bietet | der Jugendtreff |
den Schülern.

Viele Möglichkeiten | bietet | den Schülern |
der Jugendtreff.

Gehört | der Jugendtreff | allen Schülern?

Allen Schülern | gehört | der Jugendtreff.

Spannende Kickerturniere | organisiert | Herr Töpfer.
Organisiert | Herr Töpfer | spannende Kickerturniere?

3 b. + c.
Jeden Mittwoch gehe ich in den Jugendtreff. Dort treffe
ich meine Freunde. Mit meinen Freunden spiele ich
Tischtennis. Oft kickern wir auch. Über die Schule
sprechen wir nur selten. Von Frau Wiesinger bekommen
wir manchmal Waffeln. Im Winter fahren wir oft in die
Eissporthalle. Dort laufen wir Schlittschuh.

Seite 81

1 Julia und Pia fahren morgens zusammen mit dem Bus
zur Schule. Sie warten an der Bushaltestelle. Zum
Glück kommt der Schulbus meistens pünktlich.
Die Freundinnen sitzen oft in der letzten Reihe. Dort
treffen die Mädchen ihre Mitschüler. Die Busfahrt
dauert 15 Minuten. Während der Fahrt üben viele Kinder
Vokabeln. Aber heute schreiben die sechsten Klassen
keinen Test.

2 Tanja kauft Brötchen.
Morgen schreibt die Klasse 6 a einen Test.
Wohin rennt Arthur?

3 Herr Klasing zeigt dem Hausmeister
den kaputten Globus.

Ute leiht ihrem Bruder einen Füller.

Pia schreibt der Klasse 6 a eine Ansichtskarte.

Seite 82

1 In der Pause – *wann?* (adverbiale Bestimmung der Zeit)
aus verschiedenen Orten – *woher?* (adverbiale
Bestimmung des Ortes)
bis zum Klingeln – *bis wann?* (adverbiale Bestimmung
der Zeit)
zum Bus – *wohin?* (adverbiale Bestimmung des Ortes)
90 Minuten – *wie lange?* (adverbiale Bestimmung
der Zeit)
seit dem letzten Schuljahr – *seit wann?* (adverbiale
Bestimmung der Zeit)
an der Bushaltestelle – *wo?* (adverbiale Bestimmung
des Ortes)
Bis zum Winter – *bis wann?* (adverbiale Bestimmung
der Zeit)
in den Pausen – *wann?* (adverbiale Bestimmung
der Zeit)
auf dem Schulhof – *wo?* (adverbiale Bestimmung
des Ortes)

Seite 83

2 *Seit vier Wochen* bereiten sich alle Klassen darauf vor. –
seit wann?
Eine Gruppe gestaltet Plakate *im Kunstraum.* – *wo?*
Der Auftritt der Musik-AG soll *45 Minuten* dauern. –
wie lange?
Die mitgebrachten Kuchen werden *in die Küche* gestellt.
– *wohin?*
Einige Schüler holen Tische und Stühle für die Gäste
aus dem Lager. – *woher?*
Bis Freitag muss alles fertig sein. – *bis wann?*

3 b. + c.

<u>Seit wann</u> gibt es am Schülerkiosk belegte Brötchen? –
<u>Seit letzter Woche.</u>
Wo gibt es seit letzter Woche belegte Brötchen? –
<u>Am Schülerkiosk.</u>
Wann fahren wir nach Paderborn? – <u>Am Freitag.</u>
Wohin fahren wir am Freitag? – <u>Nach Paderborn.</u>
Bis wann dürfen wir nicht in die Turnhalle gehen? –
<u>Bis Montag.</u>
Wohin dürfen wir bis Montag nicht gehen? –
<u>In die Turnhalle.</u>

Seite 84

1 sehr klein, vorsichtig, mit Glück

2 wegen des schlechten Wetters, aus Wut, vor Glück

3 b.

Adverbiale Bestimmungen			
des Ortes	der Zeit	der Art und Weise	des Grundes
nach Bielefeld, dort, zur Bushaltestelle, an der vorletzten Haltestelle, in das Hosenbein, auf den Boden	letzte Woche, seit vier Wochen, zwei Tage, um 14:30 Uhr	sehr sorgfältig, aufgeregt, peinlich berührt, mit zitternder Hand	wegen seines kaputten Fahrrades, wegen des Lochs in seiner Hosentasche

Seite 85

1 Aussagesatz: Starke Zahnschmerzen hatte Olga.
Fragesatz: Hatte Olga starke Zahnschmerzen?

2 In der Pause spielen [Frank und Thomas] Tischtennis.
[Das spannende Buch] liegt auf dem Tisch.
Heute kaufe [ich] mir ein Eis.

3 Peter und Dirk (fahren) mit dem Rad an den See.
Ich (kaufe) mir ein neues Buch. Die Katze (liegt)
in der Sonne.

4 Der Bote brachte [den Schülern] [einen Brief].
[Dem Deutschlehrer] zeigt Kai [die Hausaufgaben].

Andreas schickt [seinem Opa] [eine Ansichtskarte].
Bitte beantworte [mir] [meine Frage].

5 Adverbiale Bestimmungen der Zeit: *wann? –
in der ersten Stunde, seit wann? – seit vielen Jahren,
wie lange? – neunzig Minuten, bis wann? – bis zur
Klassenfahrt*
Adverbiale Bestimmungen des Ortes: *woher? –
aus Paderborn, wohin? – zur Bushaltestelle, wo? –
am Bus*

Seite 87 – Texte lesen und verstehen

2 *Diese Überschriften könntest du aufgeschrieben haben:*
2. Der Winterschlaf (Zeile 10–19)
3. Die Winterruhe (Zeile 20–27)
4. Die Winterstarre (Zeile 28–35)
5. Das Erwachen (Zeile 36–37)

Diese Antworten sind richtig:

4 d) Der Herzschlag verlangsamt sich.

5 b) Eichhörnchen wachen häufiger auf und suchen
nach Nahrung.

6 a) Insekten haben eine Art Frostschutzmittel im Körper.

7 b) … wenn sie geweckt werden.

8 b) Es ist warm und es gibt genug Futter.

9 c) … über Herzschläge und Atemzüge pro Minute
bei Igel und Murmeltier.

Seite 88

10 a) Werden Winterschläfer oft gestört, kann das für sie
tödlich sein, weil *das zu viel Energie kostet.*
b) Frösche wachen aus der Winterstarre erst wieder auf,
wenn *die Temperaturen steigen.*

11

Vergleich der verschiedenen Überwinterungsformen von Tieren			
Überwinterungsform	Körperveränderung	Nahrungsaufnahme	Beispieltiere
Winterschlaf	Körpertemperatur gesenkt, Herzschlag wird langsamer	keine Nahrungsaufnahme	Igel, Fledermäuse, Siebenschläfer, Murmeltier
Winterruhe	Körpertemperatur gesenkt, wachen häufiger auf	gelegentliche Futtersuche	Dachs, Eichhörnchen, Maulwurf, Waschbär, Braunbär
Winterstarre	Körper erstarrt	fressen nichts	Fische, Frösche, Eidechsen, Schildkröten, Insekten

Texte lesen und verstehen – Auswertung	
37–50 Punkte	Du hast schon viel gelernt. Weiter so!
23–36 Punkte	Du kannst es sicher noch besser. Übe weiter.
0–22 Punkte	Arbeite die Seiten 4 bis 11 noch einmal durch.

1 das *Gliedern*, das *Verlängern* und das *Ableiten*

2 Klas | sen | fahrt, Be | spre | chungs | raum,
Ver | tre | tungs | stun | de

3 der Käfig – viele *Käfige* zur Auswahl, also *Käfig*
das Getränk – es gibt kalte *Getränke*, also *Getränk*
das Bild – ich male viele *Bilder*, also *Bild*
bunt – ich mag *bunte* Farben, also *bunt*

4 streng, krank, der Stift, das Haarband

5 **a.** Du kannst Wörter mit **ä** oder **äu** von verwandten
  Wörtern mit *a* oder *au* ableiten.
  b. *häufig, gebräuchlich, lästig, tatsächlich*
  d. *ungefähr, der Lärm, die Säule*

6 A Aus *Verben* können Nomen werden. Der Artikel
  das und die Wörter **zum, beim** und **im** machen's.
  B Aus *Adjektiven* und *Verben* können Nomen werden.
  Die Endungen **-ung, -keit, -heit** und **-nis** machen's.
  C Aus *Adjektiven* können Nomen werden. Die Wörter
  etwas, nichts und **viel** machen's.

7 Von der Überraschung, die unser Lehrer für uns
hatte, hatten wir keine Ahnung. Am letzten Schultag
überraschte er uns nämlich mit einem Frühstück im
Klassenzimmer. Viel Gesundes stand auf dem Tisch.
Es war für jeden etwas Leckeres dabei. Auch leckeres
Obst stand zum Essen bereit. Es gibt nichts Schöneres
als ein gesundes Frühstück!
Beim Frühstücken teilte uns Herr Meier eine große
Neuigkeit mit. Wir warteten seit Wochen auf das
Ergebnis eines Schülerwettbewerbs. Für den ersten
Preis hat sich das Warten gelohnt. Das ist etwas Tolles.
Danach teilte Herr Meier uns zum Abwaschen ein.
Einige sammelten das Geschirr ein, andere spülten
oder trockneten das Geschirr.
Während der fünften Stunde spielten wir auf dem
Sportplatz Völkerball. Beim Spielen stellten wir fest,
dass uns das Üben in den letzten Wochen viel Sicherheit
beim Ausweichen gebracht hat. Jetzt müssen wir nur
das Zuwerfen noch besser üben.

8 In den meisten Wörtern steht kein h nach einem lang
gesprochenen Vokal (a, e, o, u) oder Umlaut (ä, ö, ü).

9 c. ohne, schön, der Hafen, (sie) wohnten

Rechtschreiben – Auswertung	
40–55 Punkte	Du hast schon viel gelernt. Weiter so!
25–39 Punkte	Du kannst es sicher noch besser. Übe weiter.
0–24 Punkte	Arbeite die Seiten 36 bis 59 noch einmal durch.

1 [Herr Klasing] (schenkt) [seiner Tochter] [ein neues Handy].
(Kauft) [Florian] [den Mitschülern] [die Kekse]?
[Die Eltern] (wünschen) [der Lehrerin]
[eine erfolgreiche Klassenfahrt].

2 **a.** Diese Wörter hast du bestimmt markiert:
  Am Montag fahren wir mit unserer Klasse
  nach Hamburg.
  Bis Sonntag hatte die Parallelklasse dort schlechtes
  Wetter.
  Seit Montag hoffen wir, dass wir in Hamburg
  mehr Glück mit dem Wetter haben werden.

  b. wann? – am Montag, wohin? – nach Hamburg,
  bis wann? – bis Sonntag, wo? – dort, seit wann? –
  seit Montag, wo? – in Hamburg

3 Zum Tag der offenen Tür kamen viele Eltern.
Fast alle aßen unsere leckeren Waffeln.
Beim Fußballspiel standen viele Zuschauer am Rand.

4 *Diese Perfektformen solltest du rot markiert haben:*
haben vorbereitet, haben gesammelt

Diese Perfektformen solltest du blau markiert haben:
sind gegangen, sind gefahren

5 *Diese Personalpronomen im Singular solltest du
gelb markiert haben:*
ich, dir, du, es (2 x), er, mir

*Diese Personalpronomen im Plural solltest du
blau markiert haben:*
wir, sie (wollten)

Diese Possessivpronomen solltest du rot markiert haben:
sein, dein, unsere, mein (2 x)

6 **a.** *Diese Wortgruppen im Nominativ solltest du gelb
  markiert haben:*
  der junge Hund, der Nachbar, die kleinen Kinder

  *Diese Wortgruppen im Genitiv solltest du rot markiert
  haben:*
  des netten Nachbarn, des Nachbarn

  *Diese Wortgruppen im Dativ solltest du grün markiert
  haben:*
  dem neuen Hund, dem Hund

  *Diese Wortgruppen im Akkusativ solltest du blau
  markiert haben:*
  ein braunes Fell, eine lange Leine, leckeres Futter

Grammatik – Auswertung	
40–55 Punkte	Du hast schon viel gelernt. Weiter so!
25–39 Punkte	Du kannst es sicher noch besser. Übe weiter.
0–24 Punkte	Arbeite die Seiten 60 bis 85 noch einmal durch.

1 Wann passierte es? Wo passierte es? Was passierte?
Wer war beteiligt? Wie kam es dazu? Was war die Folge?
Was geschah der Reihe nach?

zu Seite 92

2 *Diese Sätze gehören nicht in den Bericht und das könnten deine Begründungen sein:*

Das leckere Futter, das überwiegend aus verschiedenen Getreidesorten besteht, verkauft der Zoo seit drei Jahren für nur 80 Cent.
(Begründung: Der Preis und die Information, seit wann der Zoo Futter verkauft, sind für das Ereignis unwichtig.)

Es ist wirklich toll, dass der seit 1989 bestehende Zoo so aufmerksames Personal hat!
(Begründung: Ein Bericht sollte sachlich sein und auch das Gründungsjahr des Zoos ist für den Unfall unwichtig.)

3 Wann passierte es? – Es passierte am 17. Mai 2010 gegen 12:30 Uhr.
Wo passierte es? – Im Streichelzoo des Neustädter Zoos.
Was passierte? – Waltraud Schulze stürzte wegen eines Ziegenbocks im Streichelzoo.
Wer war beteiligt? – Am Unfall beteiligt waren die 70-jährige Rentnerin Waltraud Schulze. Ihre Enkelkinder Adrian (12 Jahre) und Sophia (9 Jahre), eine Tierpflegerin und ein Sanitäter halfen ihr.
Wie kam es dazu? – Frau Schulze hatte Futter in der Manteltasche, das einen hungrigen Ziegenbock anlockte. Als er sie mit den Hörnern berührte, verlor sie das Gleichgewicht und fiel.
Was war die Folge? – Frau Schulzes Fuß schmerzte so stark, dass sie nicht aufstehen konnte.
Was geschah der Reihe nach? – Bevor Frau Schulze mit ihren Enkelkindern in den Streichelzoo ging, steckte sie das gekaufte Futter in die Tasche. Ein hungriger Ziegenbock kam angerannt und durch die Berührung fiel die ältere Dame zu Boden. Da ihr Fuß schmerzte, kam sie nicht mehr auf die Beine. Sophia verscheuchte den Ziegenbock mit Geschrei und Adrian holte schnell Hilfe. Eine Tierpflegerin brachte den Ziegenbock in den Stall und ein Sanitäter behandelte den Fuß, sodass die drei weitergehen konnten.

Berichten – Auswertung	
15–20 Punkte	Du hast schon viel gelernt. Weiter so!
9–14 Punkte	Du kannst es sicher noch besser. Übe weiter.
0–8 Punkte	Arbeite die Seiten 60 bis 85 noch einmal durch.

Seite 93 – Texte überarbeiten, Stellung nehmen

1 *Diese Sätze gehören nicht in den Bericht:*
Neulich habe ich etwas Aufregendes erlebt!
Ich finde, dass Oma Waltraud echt tapfer ist!

2 *Diese Verben solltest du blau markiert haben:*
besuchte, kaufte, steckte, betraten, berührte, fiel, verjagte, holte, feststellte, witterte

Diese Präteritumformen musst du notiert haben:
verlor, besuchten

3 *Diese inhaltlichen Fehler solltest du rot markiert und diese Angaben aufgeschrieben haben:*
Am 10. Mai – am 17. Mai; gegen 10:30 Uhr – 12:30 Uhr; Handtasche – Manteltasche; Schafbock – Ziegenbock

4 und **5**
Die (verbesserten) Sätze in der richtigen Reihenfolge:
Der Sturz im Streichelzoo
[1] Am 17. Mai 2010 besuchte ich mit meiner Schwester Sophia und meiner Oma Waltraud den Neustädter Zoo.
[2] Gegen 12:30 Uhr kaufte Oma Waltraud eine Tüte Tierfutter und steckte sie in ihre Manteltasche.
[3] Anschließend betraten wir den Streichelzoo. [4] Sofort witterte ein Ziegenbock das Futter in der Tasche meiner Oma. [5] Plötzlich berührte das Tier meine Großmutter mit den Hörnern. [6] Sie verlor das Gleichgewicht und fiel zu Boden. [7] Während meine Schwester den Ziegenbock verjagte, holte ich eine Tierpflegerin und einen Sanitäter, der eine leichte Prellung am Fuß meiner Oma feststellte. [8] Nach einer kurzen Behandlung des Fußes besuchten wir noch die Löwen.

6 a. *Die eingekreisten Behauptungen solltest du blau, die markierten Begründungen solltest du rot markiert haben:*
„Ein Zoobesuch ist super.“ „Ein Zoobesuch ist sinnvoll, weil man viel über das Verhalten von Tieren lernt.“
„Ein Zoobesuch dient der Klassengemeinschaft, weil wir gemeinsam etwas Tolles erleben.“
„Genaues über das Verhalten lernen wir im Zoo nicht, da sich dort die Tiere anders verhalten als in der Wildnis.“
„Ein Zoobesuch dient nicht der Klassengemeinschaft, weil wir nur in kleinen Gruppen herumgehen.“
„Ein Zoobesuch ist gut für den Kunstunterricht, da wir uns die Tiere genau ansehen können.“

b. *So könnte dein Brief aussehen:*

Essen, den 25. Mai 2010
Sehr geehrter Herr Müller,
wir Schüler der Klasse 6 b möchten gerne einen Ausflug in den Zoo machen und Ihnen mit diesem Brief erklären, warum. Wir glauben, dass ein gemeinsames Erlebnis gut für unsere Klassengemeinschaft ist. Vor allem aber können wir im Zoo viel lernen. Wir wollen nämlich das Verhalten von Tieren beobachten. Auch für den Kunstunterricht wäre es toll, uns die Tiere einmal genau anzusehen.
Aus diesen Gründen hoffen wir, dass Sie unserem Antrag zustimmen werden.
Mit freundlichen Grüßen
Ihre Schüler der 6 b

Texte überarbeiten, Stellung nehmen – Auswertung	
40–55 Punkte	Du hast schon viel gelernt. Weiter so!
25–39 Punkte	Du kannst es sicher noch besser. Übe weiter.
0–24 Punkte	Arbeite die Seiten 22 bis 25 noch einmal durch und übe das Überarbeiten auf den Seiten 12 bis 33.

Der Kompetenztest – Gesamtauswertung	
172–235 Punkte	Du hast schon viel gelernt. Weiter so!
106–171 Punkte	Du kannst es sicher noch besser. Übe weiter.
0–105 Punkte	Probiere es noch einmal.

Z Hier findest du zusätzliche
Aufgaben zum Weiterarbeiten.

Der Textknacker

Mit dem Textknacker knackst du den Sachtext über Spatzen.

➤ Die Arbeitstechnik „Text-knacker" findest du in der vorderen Klappe.

1 Lies den Text mit dem Textknacker.

Spatzen in der Stadt und auf dem Land

Spatzen gehören zu den bekanntesten Vögeln. Eigentlich heißen sie Sperlinge, Spatzen werden sie im Volksmund[1] genannt. Schon vor 1000 Jahren kannte man Sperlinge, genannt „spar" mit der Verkleinerungsform „-ling".

5 In Deutschland kennen wir den Haussperling, den Feldsperling und den Schneefink. Von den Haussperlingen selbst gibt es viele verschiedene Rassen. Auf der ganzen Welt gibt es 36 verschiedene Spatzenarten. Spatzen sind Singvögel, auch wenn ihr Singen eher ein Tschilpen ist.

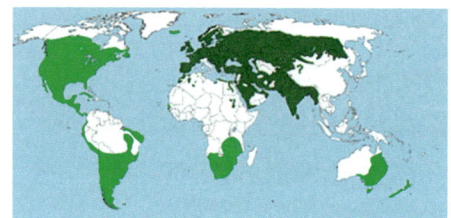

10 Ursprünglich sind Spatzen wohl im Gefolge des Menschen aus Westasien nach Europa gekommen und haben sich dann fast auf der ganzen Welt verbreitet. Sie haben sich sowohl dem Wüstenklima angepasst als auch Minustemperaturen. Nur in einigen Regionen Südostasiens, wenigen Gegenden

15 am Äquator und rund um die Pole findet man sie nicht.

Hausspatzen sind ca. 14 bis 16 cm lang mit einem großen Kopf. Sie wiegen 25 bis 40 Gramm. Männchen und Weibchen unterscheiden sich: Die Männchen mit der schwarzen Kehle, der dunklen Kopfplatte und einem schwarzen Streifen auf dem braunen Rücken haben eine

20 kräftigere Zeichnung als die Weibchen, die insgesamt eher bräunlich mit einer hellen Unterseite sind. Die Jungen ähneln den Weibchen, haben aber noch gelbe Schnabelränder. Während der Zeit der Mauser (August bis Oktober) sind auch die Männchen nicht so deutlich gezeichnet.

25 Die Form des kräftigen Schnabels weist schon auf die Nahrung hin: Körner und Samen von Gräsern, Getreide und Früchten. Im engen Zusammenleben mit dem Menschen hat sich der Spatz als anpassungsfähiger Allesfresser entwickelt. Die Jungen allerdings brauchen eiweißreiche Nahrung zum Aufwachsen – Insekten,

30 Raupen, Blattläuse. Ein Spatzenjunges benötigt zum Überleben pro Tag etwa 500 Insekten. Füttern Menschen an Spatzenjunge ausschließlich Brotkrumen, kann das zu ihrem Tod führen.

---

[1] im Volksmund: in der Alltagssprache, in der Umgangssprache.

Spatzen sind gesellige Vögel und leben zur Brutzeit in Kolonien[2], außerhalb der Brutzeit in Trupps oder Schwärmen[3]. Innerhalb
35 einer Spatzenkolonie entscheidet der größte und dunkelste Brustlatz, welcher Vogel den höchsten Rang einnimmt. Sie lieben gemeinsame Staub- und Wasserbäder, die der Gefiederpflege dienen.

Haussperlinge fühlen sich dort sehr wohl, wo sie geeignete Nist- und Brutplätze finden. Kolonien findet man in Hecken oder dichten
40 Bäumen. Nester werden auch gerne in Spalten von Gebäuden, unter Dächern oder in Büschen gebaut. Selbst in Straßenlaternen oder Storchennestern hat man schon Spatzen als Untermieter gefunden, sogar in lauten Fabrikhallen.

Die Aufgaben 2 und 3 helfen dir bei den Schritten 4, 5 und 6 des Textknackers

2 **a.** Schreibe Überschriften über die Absätze.
Du kannst die Wörter und Wortgruppen vom Rand nutzen.
b. Nur im ersten Absatz sind Schlüsselwörter hervorgehoben.
Markiere Schlüsselwörter, die zu deinen Absatzüberschriften passen.

Verbreitung
Vorkommen
Nist- und Brutplätze
Zusammenleben

Bearbeite die folgenden Aufgaben in deinem Heft.

3 **a.** Welche Wörter werden unter dem Text erklärt?
Schreibe die Wörter und ihre Erklärungen auf.
b. Schlage das Wort „Mauser" (Zeile 22) im Lexikon nach.
Schreibe die Erklärung in einem Satz auf.
c. Welche Wortgruppe wird durch die Ergänzung
„Insekten, Raupen, Blattläuse" (Zeilen 29/30) näher erklärt?
Schreibe die Wortgruppe mit der Ergänzung auf.

Starthilfe
Zeile 2, im Volksmund: in der Alltags-sprache, in der Umgangssprache. ...

Starthilfe
Das Wort „Mauser" in Zeile 23 bedeutet ...

4 Beantworte die folgenden Fragen zum Inhalt in ganzen Sätzen.
a) Was wird durch den größten und dunkelsten Brustlatz entschieden?
b) Wo überall auf der Welt leben Spatzen? Wo leben sie nicht?
c) Was fressen Spatzen?
d) Worin unterscheiden sich Weibchen und Männchen?

5 Sind die folgenden Sätze richtig oder falsch? Kreuze an.

	richtig	falsch
a) Sperlinge haben sich von Afrika aus über die Welt verbreitet.	☐	☐
b) Das Sandbad der Sperlinge dient der Gefiederpflege.	☐	☐
c) Männchen und Weibchen sehen unterschiedlich aus.	☐	☐

---

[2] die Kolonie: hier: sehr viele Tiere einer Art, die auf engem Raum zusammenleben.
[3] der Schwarm: eine größere Gruppe von Vögeln oder Fischen, die gemeinsam auf Nahrungs-suche unterwegs sind. Im Schwarm haben die Tiere Vorteile bei der Nahrungssuche und bei der Verteidigung gegen Feinde.

Biologen ordnen alle Tiere in einen Stammbaum ein.
Einen Ausschnitt aus dem Stammbaum findest du in dieser Grafik.

der Seeadler

Stamm	Wirbeltiere			
Klasse	Vögel			
Unterklasse	Urkiefervögel	Neukiefervögel		
Ordnung	Laufvögel ◯	Greifvögel ◯	Kuckucksvögel ◯	Sperlingsvögel ◯
Unterordnung				Singvögel
Familien	z. B. Straußenvögel, Emus, Kiwis, Nandus	Fischadler, Falkenartige, Habichtartige, Sekretäre	Kuckucke	z. B. Paradiesvögel, Rabenvögel, Meisen, Pirole, Schwalben, Lerchen, Stare, Sperlinge, Zaunkönige, Drosseln

der Strauß

der Kuckuck

1 **a.** Sieh dir die Vögel aus der Randspalte an.
  b. Welcher Vogel gehört zu welcher Ordnung im Stammbaum?
  Schreibe die Nummern der Bilder in die passenden Kreise.

2 **a.** Zu welcher Familie gehört der Hausspatz oder Haussperling?
  Markiere diese Familie im Stammbaum.
  Tipp: Lies den ersten Absatz des Textes auf Seite 4 noch einmal.
  b. Markiere in allen „Etagen" des Stammbaums die Gruppen,
  zu denen die Haussperlinge gehören.

die Drossel

3 Beschreibe den Stammbaum der Haussperlinge in zwei bis drei Sätzen.
  – Beschreibe genau und verwende dazu die Begriffe vom Rand.
  – Verwende weitere Fachbegriffe aus der Grafik oben.
  Tipp: Du kannst Aufzählungen verwenden.
  Schreibe in dein Heft.

> **Starthilfe**
> Der Hausspatz oder Haussperling gehört zu der Familie der …

Familie
Unterordnung
Ordnung
Unterklasse
Klasse
Stamm

4 Ordne die folgenden Singvogelfamilien nach dem Alphabet.
Achtung! Drei Wörter gehören nicht dazu. Streiche sie zuerst durch.

> Meisen, Lerchen, Zugvögel, Schwalben, Brillenvögel, Zaunkönige, Kleiber,
> Goldhähnchen, Seidenschwänze, Alligatoren, Stare, Drosseln, Nektarvögel,
> Sperlinge, Libellen, Finken, Ammern, Kardinäle

Ammern, _____

_____

_____

Rotkardinal

5 Ordne auch die Sperlingsarten nach dem Alphabet.

> Afghanen-Schneefink, Haussperling, Italiensperling, Weidensperling,
> Dschungelsperling, Somalisperling, Rötelsperling, Gelbbauchsperling,
> Moabsperling, Kapverdensperling, Keniasperling, Kapsperling,
> Feldsperling, Papageischnabelsperling, Suahelisperling, Wüstensperling,
> Sahel-Steinsperling, Jemen-Goldsperling, Schneefink, Tibet-Schneefink

Afghanen-Schneefink, _____

_____

Feldsperling

_____

_____

_____

6 Markiere unter Aufgabe 5 die drei Sperlingsarten,
die es in Deutschland gibt.
Tipp: Lies im Text auf den Seiten 4 bis 5 nach.

Keniasperling

Die Grafik zeigt nicht alle Unterklassen, Ordnungen und Familien.

Z **7** Beantworte die Fragen mit Hilfe von Fachbüchern oder dem Internet.
Schreibe in dein Heft.
  a) Wie viele Ordnungen gibt es in der Klasse der Vögel?
     Nenne die Zahl und schreibe die Namen von fünf weiteren
     Ordnungen auf.
  b) Eine Unterordnung der Sperlingsvögel sind die Singvögel.
     Wie heißen die beiden anderen Unterordnungen der Sperlingsvögel?
  c) Wie viele **Arten** gibt es in der Ordnung der Sperlingsvögel?

Schneefink

Z **8** Stelle selbst weitere Fragen zum Stammbaum der Vögel.
Beantworte sie mit Hilfe von Fachbüchern. Schreibe in dein Heft.

1 Wende die Schritte des Textknackers selbstständig auf den Text an.
Die Arbeitstechnik „Der Textknacker" findest du vorne in der Klappe.

Singvögel

Die **Singvögel** sind eine Unterordnung der Sperlingsvögel.
Der größte Singvogel von etwa 4000 Singvogelarten ist
mit über 60 cm Körperlänge der Kolkrabe.

Anatomie[1]

Der Körper der Singvögel ist auf das Fliegen und somit eine schnelle
5 Fortbewegung in der Luft ausgerichtet. Zudem ist ihr Körperbau auch
auf das Singen spezialisiert. Das Skelett ist sehr leicht und trotzdem
stabil gebaut. Viele Knochen, darunter auch der kräftige Schnabel,
sind innen hohl, sodass in sie Ausstülpungen der Luftsäcke
hineinragen. Sie werden deshalb „pneumatisierte[2] Knochen" genannt.
10 Die schweren Körperteile, vor allem die Flug- und Beinmuskeln,
liegen eng am Brustkorb und an der Wirbelsäule an, sodass der Vogel
im Flug sehr gut das Gleichgewicht halten kann. Die Flugmuskulatur
mit ihrem äußerst aktiven Stoffwechsel gilt als effizienteste[3]
Skelettmuskulatur aller Wirbeltiere. Jedoch verbrennt ein Singvogel
15 im Flug 15-mal so viel Energie wie im Ruhezustand.

Die Lungen sind etwa zehnmal leistungsfähiger als bei etwa gleich
großen Säugetieren, aber erheblich kleiner. Auch in großen Höhen
können sie der Luft noch Sauerstoff entnehmen. Von den Lungen
aus erstrecken sich mehrere Luftsäcke in den Bauchraum zwischen
20 die großen Flugmuskeln und andere Körperteile. Diese Luftsäcke
sind mit den Bronchien verbunden und nehmen bis zu einem Fünftel
des Körpervolumens ein. Sie sorgen vor allem für Kühlung, damit
die Muskeln des Vogels nicht „überhitzen". Zudem dienen sie
als Luftreservoir und helfen beim Druckausgleich.

25 Der Gesang der Singvögel wird im unteren Kehlkopf gebildet.
Beim Singen reckt das Männchen seinen Hals, holt tief Luft und singt
aus „voller Kehle". Die Töne werden erzeugt, indem Membranen[4]
angespannt und in Schwingungen versetzt werden. Das geht nur
beim Ausatmen. Dass einige Vögel, scheinbar ohne Luft zu holen,
30 weitersingen können, liegt daran, dass sie rasch und schwingend Luft
ausstoßen. Indem sie die beiden Membranen an ihrem Stimmorgan
unabhängig voneinander schwingen lassen, könnten sie im Duett
mit sich selbst singen.

---

[1] die Anatomie: der Aufbau eines Körpers.
[2] pneumatisiert (lateinisch): luftgefüllt.
[3] effizient (lateinisch): hier: sparsam, wirtschaftlich, mit einem günstigen Verhältnis von Aufwand
  zu Nutzen.
[4] die Membran: eine Trennschicht, ein dünnes Häutchen.

Sinnesleistungen

Singvögel haben einen Gesichtskreis von 300° bis 320°,
35 da sie ihre seitlich gelegenen Augen unabhängig voneinander
in verschiedene Richtungen bewegen können. Mit diesem
Gesichtskreis sind sie in der Lage, alles das wahrzunehmen,
was vor ihnen, seitlich und schräg hinter ihnen passiert.
Singvögel vermögen Farben zu unterscheiden.

40 Das Hörvermögen der Singvögel ist sehr ausgeprägt. Manche
von ihnen können zudem sehr schnelle Tonfolgen unterscheiden,
im Gedächtnis speichern und wiedergeben. Das Tonunterscheidungs-
vermögen der Singvögel ist so ausgeprägt, dass sie Töne unterscheiden
können, die nur um 0,3 Prozent in der Höhe voneinander abweichen.
45 Zudem können sie auf etwa 20° genau erkennen, aus welcher
Richtung ein Ton kommt.

Singvögel haben ein empfindliches Gleichgewichtsorgan mit Sitz
im Innenohr. Sie können auf dünnen Ästen und in der Luft
das Gleichgewicht halten.

50 Nicht sehr gut ausgeprägt ist ihr Geruchssinn und damit auch
ihr Geschmackssinn. Ob Nahrung zum Verspeisen geeignet ist,
entscheiden nach den Augen besondere Tastkörperchen an
den Schnabelrändern. Wenn auch nicht besonders gut,
so können Singvögel doch schmecken. Außerdem haben
55 nicht alle artgleichen Singvögel denselben Geschmack.

2 **a.** Schreibe aus dem Text alle Wörter auf, die für dich neu sind.
Erkläre sie mit eigenen Worten. Schreibe in dein Heft.
b. Schreibe mit den Wörtern aus den Fußnoten vier eigene Sätze auf.
Schreibe in dein Heft.

3 Beantworte die folgenden Fragen in ganzen Sätzen.
a) Warum können Singvögel gut fliegen?

b) Wie erzeugen die Singvögel ihren Gesang?

4 Welche Informationen werden durch die sechs Bilder unterstützt?
Schreibe zu jedem Bild einen oder zwei Sätze in dein Heft.

> **Starthilfe**
>
> Bild 1 zeigt einen Kolkraben und einen Haussperling. Das Bild macht deutlich ...

Das kann ich! – Texte lesen und verstehen

1 Wende die Schritte des Textknackers selbstständig auf den Text an.
Die Arbeitstechnik „Der Textknacker" findest du vorne in der Klappe.

Der Spatz – erst verfolgt und dann „Vogel des Jahres 2002"

1 Der Haussperling ist 2008 der häufigste Vogel Deutschlands.
Den Rekord in Großstädten hält er in Berlin, an zweiter Stelle in
Hamburg, München und in Städten in Nordrhein-Westfalen. Dennoch
ist der Bestand seit der Mitte des vorigen Jahrhunderts nicht nur
5 in Deutschland zurückgegangen, auch in London, Paris, Warschau
und Großstädten anderer Länder in Europa.

2 Die Gründe dafür sind vielfältig. Haussperlinge finden in Städten
mit glatten Fassaden oft keine geeigneten Nist- und Brutplätze mehr
wie früher. Parks in Städten sind schön für Menschen, sie bieten
10 aber oft weder die Nahrungsvielfalt an Pflanzen und deren Samen,
die Spatzen für ihre Ernährung brauchen, noch die Insekten, um
ihre Jungen aufzuziehen. Mit Beton versiegelte Plätze erlauben
den Spatzen keine Staubbäder, um ihr Gefieder zu pflegen.

3 Auf dem Land wird Tierhaltung immer mehr technisiert. Hühner
15 werden zum Beispiel immer mehr in geschlossenen „Fabriken"
gezüchtet, sodass Feldsperlinge nicht mehr an deren Körnerfutter
teilhaben können. Gifteinsatz gegen Schädlinge auf den Feldern
führt zu Insektenarmut, wodurch Spatzenjunge oft verhungern.
Die Lebensbedingungen für den Spatz werden immer ungünstiger.

4 20 Das war vor etwa 250 Jahren schon einmal so. König Friedrich
der Große ärgerte sich über die Spatzen, die das Getreide auf
den Feldern fraßen, und ließ eine Prämie für jeden getöteten Spatz
aussetzen. Bald gab es weniger Spatzen, allerdings vermehrten
sich die Insekten umso mehr, sodass der König die Prämie für
25 tote Spatzen wieder abschaffte. Auch in der Mitte des vorigen
Jahrhunderts wurde der Spatz verfolgt und mit Giftweizen vergiftet,
weil man um den Bestand anderer Singvögel in den Städten und
den Ertrag der Getreideernte auf dem Land fürchtete.

5 Im Jahre 2002 wurde der Spatz vom NaBu zum **Vogel des Jahres**
30 erklärt.

Lies den Text genau, dann kannst du die Aufgaben richtig lösen.

2 **a.** Markiere Schlüsselwörter in jedem Absatz.
b. Schreibe für jeden Absatz eine Überschrift auf die Linien.

1 _____
2 _____
3 _____
4 _____
5 _____

Punkte

/ 10 Punk
/ 10 Punk

3 Welches Wort oder welche Wortgruppe passt nicht? Streiche.

– *König Friedrich der Große / Kaiser Friedrich der Große* ließ
   eine Prämie auf jeden getöteten Spatz aussetzen.

– Im Jahre *2002 / 2008* wurde der Spatz zum Vogel des Jahres erklärt.

– Spatzen finden in Parks *eine Vielfalt / keine Vielfalt* an Samen.

So ging es den Spatzen zur Zeit Friedrichs des Großen.

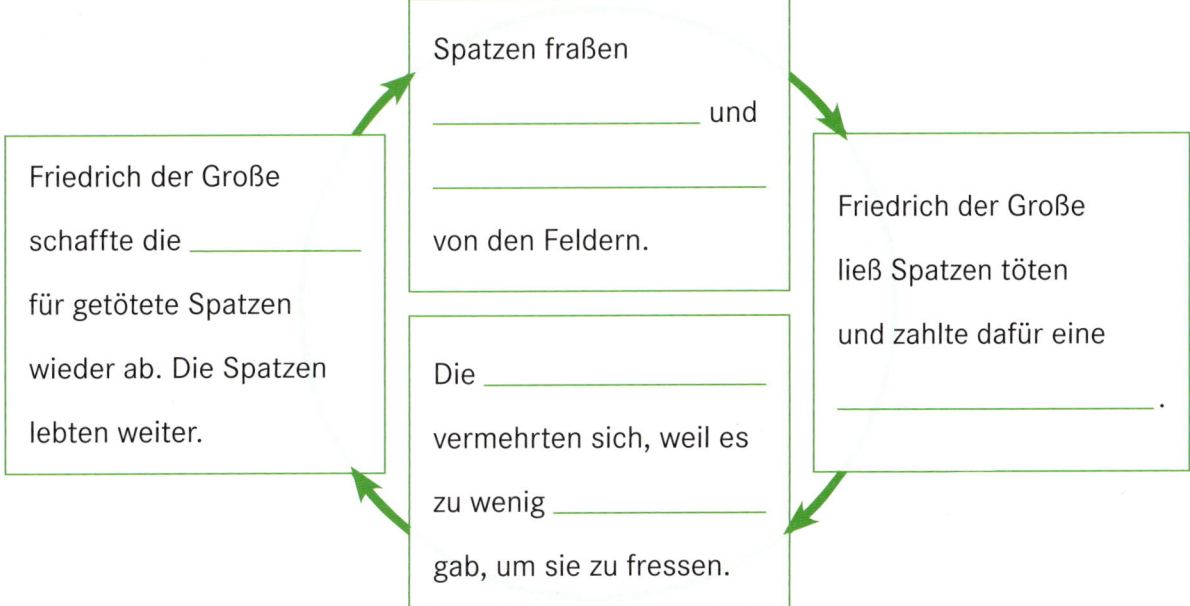

Friedrich der Große schaffte die _____ für getötete Spatzen wieder ab. Die Spatzen lebten weiter.

Spatzen fraßen _____ und _____ von den Feldern.

Friedrich der Große ließ Spatzen töten und zahlte dafür eine _____ .

Die _____ vermehrten sich, weil es zu wenig _____ gab, um sie zu fressen.

So geht es den Spatzen heute.

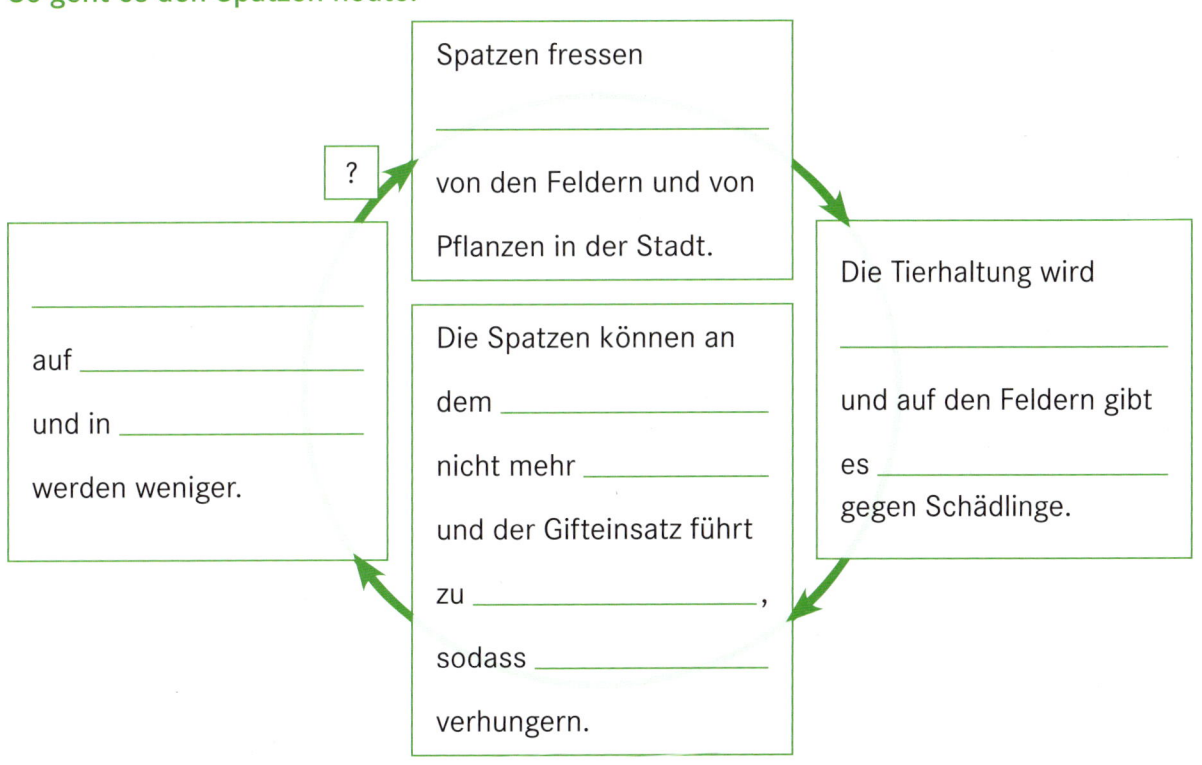

?

_____ auf _____ und in _____ werden weniger.

Spatzen fressen _____ von den Feldern und von Pflanzen in der Stadt.

Die Tierhaltung wird _____ und auf den Feldern gibt es _____ gegen Schädlinge.

Die Spatzen können an dem _____ nicht mehr _____ und der Gifteinsatz führt zu _____ , sodass _____ verhungern.

4 Ergänze die Kreisdiagramme mit Schlüsselwörtern aus dem Text.

5 Was könnten Menschen tun, damit es Spatzen wieder leichter haben?
Was würdest du in das Kästchen mit dem Fragezeichen schreiben?
Schreibe deine Ideen in ganzen Sätzen in dein Heft und begründe sie.

Arbeitstechnik: Der Textknacker

Einen Gegenstand beschreiben

**Jana gibt etwas beim Hausmeister ab. Der notiert
eine Kurzbeschreibung und lässt Jana unterschreiben.**

1 Notiere eine Kurzbeschreibung der Uhr in Stichworten.

Gefunden 12. Mai 2010:

_____

_____

_____

_____

_____

Jana Reinhard

**Im Juni vermisst Ulrich plötzlich seine Sportuhr. Vielleicht hat er
sie beim Sportunterricht vergessen. Er fragt den Hausmeister.
Der braucht aber eine genaue Beschreibung der Uhr, denn
in seinem Büro liegen 25 Stück.**

➤ Wissenswertes
auf einen Blick,
Umschlagklappe vorn

2 Sammele genaue Angaben für eine vollständige Beschreibung der Uhr.
  a. Beschrifte die Teile mit den passenden Nummern aus Ulrichs Tabelle.
  b. Ergänze Ulrichs Tabelle in deinem Heft.
    Tipp: Nutze für die Tabelle ein ganzes DIN-A4-Blatt quer.

Merkmale		Anzahl	Größe	Farben	Form	Lage/Beschriftung	Material	Funktion
1	Armband						*Leder*	
2	Gehäuse							
3	großes Zifferblatt				*rund*			
4	Stundenzeiger		*kurz*					
5	Minutenzeiger							
6	Sekundenzeiger							
7	kleine Zifferblätter							*zum Stoppen*
8	Datumsanzeige					*zwischen der Vier...*		
9	Firmenlogo			*weiß*				
10	Einstellknöpfe							

3 Beschreibe die Uhr in ganzen Sätzen und im Präsens.
  – Überlege dir zuerst eine sinnvolle Reihenfolge.
    Du kannst die Uhr z. B. von außen nach innen beschreiben.
  – Verwende die Angaben aus deiner Tabelle.
  – Vermeide die ständige Wiederholung der Verbformen **hat** und **ist**.
    Du kannst die Wörter vom Rand verwenden.

befindet sich
liegt
trägt
sitzt
steht
sieht man
dazu gehört
gibt es
erkennt man
findet man

> **Starthilfe**
>
> **Ulrichs Sportuhr**
> Die Uhr hat ein schwarzes Armband aus …

Diese Beschreibung fand der Hausmeister verwirrend.

Irinas Armbanduhr

Die Uhr hat ein sehr schönes Armband und vor allem der Rand sieht richtig edel aus. Rund ist sie nicht, aber auch nicht gerade. Das Besondere ist, dass man das Innenleben der Uhr teilweise sehen kann. An der Stelle fehlen ein paar Ziffern, aber das macht nichts. Die Zeiger zeigen ja trotzdem in die Richtung. Sie geht allerdings etwas nach und hat sowieso kein Datum. Die Uhr war nicht gerade billig und sie passt farblich genau zu meinem Mantel. Ich würde sie gerne wiederhaben.

Z 4 Überarbeite in deinem Heft die Beschreibung von Irinas Uhr.
  a. Streiche ungenaue oder unnötige Informationen mit Bleistift.
  b. Notiere genaue Informationen zu der Uhr auf dem Foto.
    Du kannst die Wörter vom Rand verwenden.
    Tipp: Lege eine Tabelle an wie in Aufgabe 2.
  c. Überlege dir eine sinnvolle Reihenfolge für die Beschreibung.
  d. Beschreibe die Uhr in ganzen Sätzen und im Präsens.
    Vermeide die ständige Wiederholung der Verbformen **hat** und **ist**.

türkisfarben
die Schmucksteine
das Uhrwerk
das geprägte Leder
mit … besetzt
Aufschriften: Ingersoll,
since 1892, 20 jewels

Das kann ich! – Einen Gegenstand beschreiben

Punkte

1 Mit welchen Verbformen kannst du die Wörter **hat** und **ist** in einer Beschreibung ersetzen? Schreibe fünf Beispiele auf.

_____

/5 Punkte

2 Ersetze die drei Wörter durch Fachwörter zur Beschreibung einer Uhr.

Rahmen   Schalter   Anzeige

_____

/3 Punkte

Die Beschreibung von Sonjas Uhr kannst du verbessern:

Der Rand ist dunkel, aus Stahl und hat eine verkehrte Form. Auch das Armband ist genau verkehrt, aber das ist Absicht. Der Einstellknopf ist nämlich auch nicht da, wo er sonst ist. Und der Verschluss ist fast größer als die Uhr. Die Uhr hat drei Zeiger und das Zifferblatt ist einfach weiß mit Ziffern aus Metall wie der Rand. Trotzdem fällt die Uhr total auf.

3 Überarbeite die Beschreibung in deinem Heft. Beschreibe so genau wie möglich. Für jede wichtige Information, die in deiner Beschreibung fehlt, gibt es einen Punkt Abzug.

/17 Punkte

Gesamtpunktzahl: /25 Punkte

Einen Vorgang beschreiben

Ein Zauberer hat der Klasse 6b einige Tricks gezeigt und erklärt. Die Klasse will darüber ein Zauberbuch schreiben. Kathrin hat den Trick mit roten und schwarzen Karten gewählt. Für diesen Trick benötigt man präparierte oder „gezinkte" Karten.

➤ Eine Anleitung schreiben: Wissenswertes auf einen Blick, Umschlagklappe vorn

1 Beschreibe zuerst das Material, das man für den Trick benötigt.
  – Bezeichne in einem Satz die benötigten Spielkarten genau.
  – Zähle im zweiten Satz alle weiteren Materialien auf.
  – Schreibe in der **man-Form**.

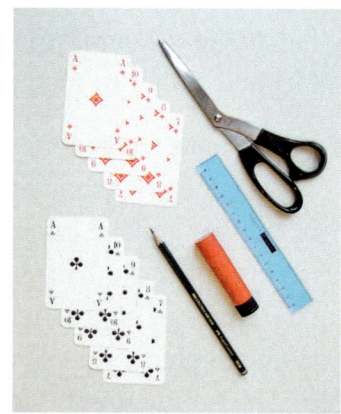

Material:

Aus einem Kartenspiel benötigt man _____

_____

_____

_____

2 Bringe Kathrins Notizen zum Ablauf der Vorbereitung in die richtige Reihenfolge. Nummeriere die Notizen mit Hilfe der Fotos.

☐ Die Kreuzkarten 7, 8, 9 und 10 entlang der Linie zerschneiden. Das Ass bleibt ganz.

☐ Die ausgewählte Hälfte der Kreuzkarten auf der Rückseite mit Klebstoff bestreichen und auf die obere Hälfte der Karokarten kleben.

☐ Die obere Hälfte der Kreuzkarten probeweise auf die untere Hälfte der Karokarten legen.

☐ Die präparierten Karten 7, 8, 9 und 10 so auffächern, dass nur die Karoseite zu sehen ist. Das Karo-Ass obenauf legen, sodass die Kreuz-10 nicht zu sehen ist.

☐ Mit Lineal und Bleistift auf den Kreuzkarten 7, 8, 9 und 10 eine diagonale Linie ziehen. Zu beachten: Die Linien beginnen und enden jeweils auf der langen Kartenseite oberhalb beziehungsweise unterhalb der Zahl.

☐ Das Kreuz-Ass unter die Karo-7 schieben. Das Kreuz-Ass darf nicht mehr sichtbar sein.

Kathrin probiert die Vorbereitung mit Hilfe ihrer Notizen aus. Das Ergebnis ist enttäuschend. Ganz gleich, wie sie die Karten dreht – sie kann den Trick damit nicht durchführen.

3 **a.** Welche der Notizen zur Vorbereitung muss ergänzt werden?
Notiere die Zahl.

b. Vervollständige die folgende Ergänzung.
Schreibe in dein Heft.

Ergänzung zu Notiz _____ : Es gibt beim ▮ noch etwas zu beachten. Die ▮ müssen bei allen Karten an der ▮ beginnen, z. B. unten ▮. Dabei ist es günstig, wenn alle Karten die gleiche Seite unten haben (nur bei der Karte 10 und beim Karo-Ass sind beide Seiten gleich).

So hat der Zauberer der Klasse die Durchführung des Tricks gezeigt:

4 **a.** Nummeriere die Fotos in der richtigen Reihenfolge mit den Zahlen 7–12.
b. Ordne die folgenden Notizen von Kathrin **fünf** passenden Fotos zu.

7️⃣ Den Zuschauern die roten Karten (Karo) als Fächer zeigen.

☐ Die Karten zusammenschieben.

☐ Hinter dem Rücken Stapel um 180 Grad drehen.

☐ Die Karten vorsichtig auffächern. Schnittstellen und rotes Ass nicht sichtbar.

☐ Den Fächer mit schwarzen Karten (Kreuz) zeigen.

Kathrin probiert den Trick mit Hilfe ihrer Notizen erfolglos.

5 a. Ergänze Kathrins Notiz zu dem vergessenen Handlungsschritt.
b. Ordne die Notiz dem passenden Foto von Seite 15 zu.

☐ Hinter dem Rücken das schwarze _____ nach _____ legen.

Einmal liegt zwar das Kreuz-Ass oben, aber das Ergebnis ist trotzdem enttäuschend. Sie ruft den Zauberer an und bittet um Rat.

6 Wie muss man den Stapel hinter dem Rücken drehen?
a. Lies den Rat des Zauberers.
b. Beschreibe den Vorgang zu den Bildern 9 und 10 besonders genau. Schreibe in der **man-Form** in dein Heft.

> Rat des Zauberers:
> So weit bist du schon? Das ist schon sehr gut. Du hast nur vergessen, den Stapel hinter dem Rücken um 180 Grad zu drehen. Nimm den Stapel kurz in die andere Hand und greife mit der ersten Hand einmal um. Das ist alles – nur muss es schnell gehen. Das solltest du besonders oft üben.

7 Beschreibe die Durchführung des Tricks vollständig in deinem Heft.
Verwende die **man-Form** oder die Form mit **werden + Verb**.
Tipp: Verwende abwechslungsreiche Satzanfänge.

Starthilfe
> **Anleitung in der man-Form**
> **Durchführung:**
> Zuerst zeigt man den Zuschauern die roten Karten (Karo) als Fächer. Dann …

Starthilfe
> **Anleitung mit „werden + Verb"**
> **Durchführung:**
> Den Zuschauern werden zuerst die roten Karten (Karo) als Fächer gezeigt. Danach …

8 Die Vorgangsbeschreibung soll im Präsens stehen.
Markiere drei Fehler. Schreibe die richtigen Zeitformen an den Rand.

Man nimmt aus einem Kartenspiel die Kreuzkarten 7, 8, 9, 10. Zuerst hat man sie diagonal durchgeschnitten, am besten oberhalb und unterhalb der Zahlen. Die halben Kreuzkarten hat man danach mit Klebstoff auf den Karokarten befestigt. Mit den vier präparierten Karten hat man schnell einen Fächer gebildet. Jetzt legt man das Karo-Ass oben auf den Fächer. …

9 a. Schreibe die vollständige Anleitung für den Trick (Material, Vorbereitung und Durchführung) in ganzen Sätzen in dein Heft.
– Verwende die **man-Form** oder **werden + Verb**.
– Denke an das Präsens und die Satzanfänge.
b. Ergänze eine passende **Überschrift**.
c. Überprüfe deine fertige Anleitung mit der folgenden Checkliste.

Starthilfe
> **Material**
> Aus einem Kartenspiel benötigt man die Karokarten 7, 8, 9, 10, Ass und …

ja	nein	Checkliste für eine Anleitung (Zaubertrick)
☐	☐	Habe ich alle **Materialien** genau benannt?
☐	☐	Habe ich **alle Schritte** in der richtigen **Reihenfolge** beschrieben?
☐	☐	Habe ich das **Präsens** verwendet?
☐	☐	Habe ich die **man-Form** (oder **werden + Verb**) verwendet?
☐	☐	Habe ich abwechslungsreiche **Satzanfänge** geschrieben?

Das kann ich! – Einen Vorgang beschreiben

Material: Für diesen Trick benötigte man ein altes Kartenspiel. Aus dem Spiel nimmst du die Kreuzkarten 7, 8, 9, 10 und das Ass. Außerdem brauchte man eine Schere, Klebstoff, einen Bleistift und ein Lineal.

5 **Vorbereitung:** Zunächst nimmt man die Karten 7, 8, 9 und 10 von Kreuz. Die halben Kreuzkarten klebt man danach auf die passenden Karokarten 7, 8, 9 und 10. Jetzt kann man die vier veränderten Karten als Fächer in der Hand halten. Mit dem Lineal zeichnet man eine Linie schräg von links unten nach rechts oben und halbiert die Spielkarten

10 mit der Schere. Als oberste Karte hast du Karo-Ass auf den Fächer gelegt. Das Kreuz-Ass versteckt man so unter der Karo-7, dass es nicht sichtbar ist. Wenn alles richtig war, sah es aus, als ob man nur die Karokarten Ass, 10, 9, 8 und 7 in der Hand hielt.

Durchführung: Nun kann man den Zuschauern die roten Karten

15 wie einen Fächer zeigen und dann zu einem Stapel zusammenschieben. Dann dreht man die Karten um und nimmt sie kurz hinter den Rücken und schiebt das Kreuz-Ass auf das Karo-Ass. Dann holt man die Karten wieder hervor und fächert die Karten vorsichtig auf. Dann zeigt man die Karten und die Zuschauer sehen

20 zu ihrer Überraschung lauter Kreuzkarten. Damit der Trick gut funktioniert, sollte man ihn mehrmals üben.

1 **a.** Lies die Beschreibung des Kartentricks von Martin.
   b. Was hat er bei der Auflistung des Materials vergessen?   /2 Punkte

2 **a.** Ein Arbeitsschritt steht an falscher Stelle. Kreise den Satz ein.
   b. Wohin gehört der Satz? Zeichne einen Pfeil an den Rand.   /1 Punkt

3 **a.** Prüfe die Zeitformen der Verben. Streiche falsche Verbformen durch.
   b. Schreibe die richtigen Verbformen an den Rand.   /5 Punkte

4 Dreimal wiederholt sich ein Satzanfang und eine Wortgruppe.
   a. Markiere die Sätze und streiche den Satzanfang zweimal durch.
   Schreibe andere Satzanfänge dafür an den Rand.   /3 Punkte
   b. Ersetze bei zwei Sätzen die sich wiederholende Wortgruppe.
   Verwende andere Wörter. Schreibe die Sätze in dein Heft.   /4 Punkte

5 Wird in dem Text immer die **man-Form** verwendet?
   a. Markiere Stellen mit einer abweichenden sprachlichen Form.
   b. Schreibe diese Sätze in der **man-Form** in dein Heft.   /4 Punkte

6 So funktioniert die Durchführung nicht. Welcher wichtige Schritt fehlt?
   Schreibe den fehlenden Schritt in dein Heft.   /2 Punkte

7 Schreibe die überarbeitete Beschreibung vollständig auf.
   Ergänze dabei eine Überschrift.   /14 Punkte

Gesamtpunktzahl: /35 Punkte

Berichten

Über einen Unfall berichten

Im Zoo gab es am 12. Mai 2010 einen Unfall. Der Tierpfleger
Herr Schmitz muss darüber einen Bericht schreiben.
Eine Besucherin und ein Besucher wollen ihm helfen und erzählen
noch etwas aufgeregt, was sie gesehen und erlebt haben.

➤ Wissenswertes
auf einen Blick,
Umschlagklappe hinten

Frau Alba: „Ich stand ja direkt am Robbengehege, als es passiert ist.
Das war um elf Uhr. Das weiß ich genau. Mein Sohn Albert hat sich
furchtbar erschrocken, als diese Lena Jung ins Wasser gefallen ist."
Herr Demir: „Ich wollte das Mädchen von dem Zaun holen, weil
5 die Mutter gar nicht hinschaute, aber da war es schon zu spät.
Ich habe sofort den Notarzt gerufen. Der hat eine Unterkühlung
festgestellt und das Mädchen mit ins Krankenhaus genommen."
Frau Alba: „Die Mutter, Frau Jung, kenne ich. Sie arbeitet beim
Bäcker, wo ich das leckere Krustenbrot kaufe. Wie dumm von Lena,
10 auf den Zaun zu klettern. Dabei ist sie schon sieben Jahre alt."
Herr Demir: „Ich habe den Tierpfleger festgehalten, damit er
das Mädchen aus dem kalten Wasser ziehen konnte. Das Wasser
soll nur fünf Grad haben."
Frau Alba: „Mein Albert würde so etwas nie tun. Er ist vernünftig.
15 Oh je, die arme Lena hatte furchtbar blaue Lippen und zitterte
am ganzen Körper."
Herr Demir: „Und wie furchtbar das Mädchen um Hilfe geschrien
hat. Aber zum Glück war der Tierpfleger zur Stelle und wir konnten
sie schnell retten."

1 **a.** Welche **W-Fragen** beantworten Frau Alba und Herr Demir?
Kreuze an. Du kannst die Antworten auch im Text markieren.
b. Welche Informationen haben nichts mit dem Unfall zu tun?
Streiche diese Sätze mit Bleistift durch.

☐ **Wann** passierte es?
☐ **Wo** passierte es?
☐ **Was** ist passiert?
☐ **Wer** war beteiligt?
☐ **Wie** kam es dazu?
☐ **Was** war die **Folge**?

Die Besucher haben vieles in der falschen Reihenfolge erzählt.
Herr Schmitz muss aber in der richtigen Reihenfolge berichten.

2 Was geschah **der Reihe nach**? Beantworte diese siebte W-Frage.
Schreibe Stichworte zum Geschehen in der richtigen Reihenfolge auf.

Unfall im Zoo, 12. Mai 2010

3 Beantworte die sechs W-Fragen aus Aufgabe 1 in ganzen Sätzen
und im Präteritum. Schreibe Fragen und Antworten in der Reihenfolge
vom Rand auf Seite 18 auf.

Wann passierte der Unfall? Der Unfall passierte am 12. Mai 2010 um

_____

_____

_____

_____

_____

_____

_____

_____

_____

_____

_____

_____

_____

_____

Bearbeite die folgende Aufgabe in deinem Heft.

4 Was geschah **der Reihe nach**?
Beantworte die **siebte W-Frage** in einem kurzen Text. Nutze dafür
deine Stichworte aus Aufgabe 2. Achte auf die richtige Reihenfolge!

Starthilfe
Zuerst kletterte die siebenjährige Lena Jung
auf den Zaun des Robbengeheges. Dabei verlor ...

**Ein Bericht soll genau und sachlich geschrieben sein.
Er soll außerdem knapp, einfach und klar sein.**

5 Überarbeite deine Antworten zu den Aufgaben 3 und 4.
  – Überprüfe, ob alle sachlichen Informationen genau und vollständig sind.
  – Streiche falsche oder überflüssige Angaben.
  – Ergänze fehlende Angaben.

Der Bericht soll im Präteritum geschrieben sein.

➤ mehr zum Präteritum
auf den Seiten 68–69

6 a. Markiere alle Verbformen im Präteritum
in deinen Antworten zu den Aufgaben 3 und 4.

b. Schreibe diese Verben mit Infinitiv, Präsens
und Präteritum in eine Tabelle.

Starthilfe

Infinitiv	Präsens	Präteritum
passieren	es passiert	es passierte
...		

7 Mit den Wörtern und Wortgruppen vom Rand kannst du im Bericht
die Reihenfolge der Ereignisse beschreiben.
Welches Wort eignet sich eher wofür? Ordne die Wörter in die Tabelle.

vorher	gleichzeitig/jetzt	später

nun
anschließend
danach
zuerst
daraufhin
sofort
währenddessen
inzwischen
im ersten Moment

**Mit Hilfe deiner Antworten auf die W-Fragen kannst du
den vollständigen Bericht schreiben.**

Starthilfe

12. Mai 2010

Bericht über …
Der Unfall passierte am 12. Mai 2010
um 11:00 Uhr im Zoo am Robbengehege.
Ich kam gerade zur Fütterung …

8 a. Schreibe den Bericht des Tierpflegers Herr Schmitz.
An einigen Stellen musst du in der **Ich-Form**
oder in der **Wir-Form** berichten.

b. Ergänze eine passende Überschrift.

9 Überprüfe deinen Bericht mit der folgenden Checkliste.

ja	nein	Checkliste für einen Bericht (Unfallbericht)
☐	☐	Habe ich **genau** und **sachlich** geschrieben?
☐	☐	Habe ich im **Präteritum** geschrieben?
☐	☐	Habe ich alle **W-Fragen** beantwortet?
☐	☐	Habe ich die **Reihenfolge** der Ereignisse beachtet?

**Hast du selbst einmal etwas erlebt, worüber du berichten kannst?
Weißt du noch, wo und wann es passiert ist und wer beteiligt war?
Du kannst darüber einen eigenen Bericht in dein Heft schreiben.**

Z 10 a. Schreibe einen Bericht über ein Ereignis, das du erlebt hast.
Nutze die Stichworte am Rand, um dich an ein Ereignis zu erinnern.

b. Kontrolliere den Bericht mit der Checkliste.
Prüfe auch die Rechtschreibung.

auf der Klassenfahrt
beim Schulfest
auf dem Schulhof
in den Ferien
bei den Großeltern
bei Freunden
beim Sport

Das kann ich! – Berichten

1 Welche sieben **W-Fragen** werden in einem Bericht beantwortet?
Schreibe sie auf.

/7 Punkte

_____   _____

_____   _____

_____

Lenas kleiner Bruder Karl berichtet dem Tierpfleger,
was er beobachtet hat.

„Also, Lena und ich haben zu Weihnachten einen Gutschein für
einen Zoobesuch bekommen. Heute hatte unsere Mutter endlich Zeit!
Wir haben schon so lange gewartet. Zuerst waren wir im Streichelzoo,
aber Lena fand, dass das nur etwas für kleine Kinder ist. Die Robben
5 fanden wir immer schon toll. Und die Fütterung begann gerade.
Also rannten wir schnell hin. Wir waren sehr neugierig. Lena meinte,
dass man oben auf dem Zaun bestimmt besser sehen kann. Der Zaun
ist nämlich viel zu hoch. Für Lena geht es eigentlich noch, aber
ich kann gar nicht drüberschauen. Trotzdem wollte ich nicht auf
10 den Zaun. Aber Lena war auf einmal oben. Und dann war sie plötzlich
weg! Ich hörte nur noch einen Schrei und dann einen Platscher.
Ich hatte solche Angst!"

2 Markiere im Text alle Verben im Präteritum.
Achtung: Du darfst keine anderen Verbformen markieren!

/13 Punkte

Karl hat aufgeregt über den Unfall berichtet, einige Sätze im Perfekt
formuliert und Einzelheiten erzählt, die für einen Bericht unwichtig sind.

3 Welche Sätze kannst du für einen Bericht verwenden? Unterstreiche sie.

/4 Punkte

Auch die Auszubildende Katharina muss einen Bericht schreiben,
weil am gleichen Tag ein Esel ausgerissen ist. Was ist passiert?

4 Nummeriere Katharinas Notizen in einer sinnvollen Reihenfolge.

/6 Punkte

☐ mutige Besucher fingen die Eselin ein ☐ Esel entlief ☐ nach
der Fütterung, 15:00 Uhr ☐ Esel zurück im Gehege, nach 30 Minuten
☐ ungefährliches, scheues Tier, weiblicher Esel, 5 Jahre alt
☐ Tier lief im schnellen Galopp durch den Zoo ☐ Eltern und
Kinder sprangen schreiend zur Seite ☐ Katharina lockte sie
mit einer Möhre zurück in den Stall ☐ alle unverletzt ☐ Stalltür
stand offen ☐ aufgeregte Besucher alarmierten Katharina

5 Schreibe Katharinas Bericht.
Beachte dabei die Arbeitstechnik „Einen Bericht schreiben".

/10 Punkte

Gesamtpunktzahl: /40 Punkte

Stellung nehmen

➤ Wissenswertes
auf einen Blick,
Umschlagklappe hinten

> Du kannst **andere überzeugen**, wenn du deine Meinung
> mit Argumenten begründest.
> Behauptung (Meinung): Kletterparks sind sicher.
> Argument (Begründung): Jeder Kletterer bekommt
>   ein Sicherungsseil und mehrere Sicherungshaken.

Die Klasse 6a diskutiert über einen Ausflug in einen Kletterpark.

1 **a.** Markiere in den Sprechblasen die Behauptungen (Meinungen) blau
und die Argumente (Begründungen) rot.

b. Rahme Wörter ein, die ein Argument einleiten.

Klettern ist keine Erholung, weil es total anstrengend ist.

Kletterparks sind langweilig.

Kletterparks sind cool.

Man lernt, wie stark eine Gruppe ist, weil man teilweise als Team durch den Parcours klettert.

Jakob ist für den Ausflug und schreibt seine Meinung auf.

2 **a.** Markiere die Textstellen mit Argumenten rot.

b. Zwei Sätze enthalten weder eine Behauptung noch ein Argument.

Es sind die Sätze mit den Buchstaben _____ und _____ .

a) Dieser Kletterpark ist absolut ungefährlich, weil jeder Kletterer
mit einem Seil und einem Karabinerhaken gesichert wird.

b) Mit meinen Eltern war ich in den Ferien schon einmal im Kletterpark.

c) Nach dem Klettern fühlt man sich gut, weil man etwas Tolles
geleistet hat.

d) Für die Klassengemeinschaft ist der Besuch des Kletterparks gut.

e) Wenn man in Gruppen durch den Parcours klettert, lernt man,
wie wichtig es ist, anderen zu helfen und selbst Hilfe anzunehmen.

f) Ich würde mich freuen, wenn es mit dem Kletterpark klappen würde.

3 **a.** Ergänze zu jeder Behauptung vom Rand ein Argument.
Du darfst Argumente aus diesem Kapitel verwenden.
Schreibe in dein Heft.

b. Markiere die Argumente rot.

Starthilfe

(Behauptung) Kletterparks fördern die Klassengemeinschaft
nicht, weil bei den meisten Kletteraufgaben jeder für sich allein
klettert (Argument).
...

~~Kletterparks fördern~~
~~die Klassengemeinschaft nicht.~~

① Kletterparks sind sicher.

② Im Kletterpark ist für jeden
etwas dabei.

③ Aufgaben in Kletterparks
sind zu schwer für Anfänger.

④ Im Kletterpark kommt es
nicht nur auf Kraft an.

Die Klasse hat Behauptungen und Argumente gesammelt.

4 **a.** Ordne passende Behauptungen und Argumente mit Zahlen zu.
Verwende auch die Behauptungen 1 bis 4 von Seite 22 unten.

b. Ordne die Behauptungen und Argumente
nach **Pro** (für den Kletterpark)
und **Kontra** (gegen den Kletterpark).
Verbinde sie mit **weil** und **denn** zu Sätzen.
Schreibe in dein Heft.

Starthilfe

Pro-Argumente
Kletterparks sind sicher, denn jeder erhält
das nötige Material zum Sichern. …

(5) Der Parcours endet mit einer Art Seilrutsche.
Dabei kann man unten hart landen.

Am Ende muss doch jeder für sich (10)
allein über die Seile und Hängebrücken
gehen. Dabei hilft einem niemand.

(1) Jeder erhält das nötige Material zum Sichern.

Klettern dient der Klassengemeinschaft. (11)

(6) Ich habe Angst, dass die Mitschüler
mich dabei auslachen werden.

Klettern ist eine gute Übung gegen Leichtsinn. ( )

Einen Tag im Kletterpark muss ( )
man nicht aufwändig planen.

Ich habe ( )
Höhenangst.

(7) Man lernt seine Grenzen kennen und kann
die eigenen Fähigkeiten besser einschätzen.

Man kann sich im Kletterpark durchaus wehtun. ( )

( ) Ich werde mich bestimmt nicht trauen,
über eine wackelige Hängebrücke zu gehen.

Ich glaube nicht, ( )
dass der Kletterpark
der Gruppe dient.

Man hilft anderen ( )
und nimmt auf sie
Rücksicht.

(8) Ich kann
nicht
klettern.

Mit gutem Gleichgewichtsinn,
Vorsicht und Geschicklichkeit
kommt man dabei oft weiter. ( )

Kletterparks
sind für ( )
geübte
Kletterer.

Es gibt Parcours mit
verschiedenen Schwierigkeitsgraden für Anfänger, für
Fortgeschrittene und für Profis. ( )

(9) Alles, was man für die Sicherheit braucht,
bekommt man gestellt.

5 **a.** Welcher Meinung bist du? Entscheide.
Streiche in der Überschrift die Meinung, die du nicht vertrittst.

b. Schreibe drei Behauptungen mit starken Argumenten
für deine Meinung in die Tabelle.

Ich bin für (pro) / gegen (kontra) einen Ausflug in den Kletterpark.	Reihenfolge

Mit **Beispielen** kannst du deine Argumente veranschaulichen.

Kletterparks sind sicher, denn jeder erhält das nötige Material zum Sichern,
Behauptung (Meinung)   Argument (Begründung)

wie (zum Beispiel) Helm, Sicherungsseil und einen Sicherungskarabiner.
Beispiel

6 Markiere in der Aussage von Lisa das Beispiel mit Grün.

Man kann sich im Kletterpark durchaus wehtun, weil der Parcours
mit einer Art Seilrutsche endet. Dabei kann man unten hart landen
wie meine Kusine, die danach wochenlang blaue Flecken hatte.

7 Ordne die Beispiele passenden Argumenten aus den Aufgaben 3 und 4
zu. Schreibe die Argumente mit den Beispielen in dein Heft.

Ein Freund von meinem Bruder klettert so gut, dass er eine Stunde am Fels hangeln kann.

Wie beim Bergsteigen wartet man auf den Langsamsten und gibt den anderen Tipps.

Wer zum Beispiel auf dem Schwebebalken balancieren kann, hat es einfacher.

Als ich im Urlaub mit meinen Eltern auf einer Klippe stand, konnte ich mich vor Angst nicht mehr bewegen.

Die Eltern müssen dem Ausflug in den Kletterpark zustimmen.

8 Begründe in einem Brief der Klasse an alle Eltern, warum sie
den Klassenausflug in den Kletterpark (nicht) genehmigen sollen.

  a. Ordne deine Argumente auf Seite 23 in eine sinnvolle Reihenfolge.
    Tipp: Dein stärkstes Argument solltest du zuletzt nennen.
    Denke an passende Beispiele.
  b. Schreibe den Brief in dein Heft.
    – Du kannst dabei die Formulierungen vom Rand verwenden.
    – Bitte die Eltern am Ende um Zustimmung oder Ablehnung.

➤ Einen Brief schreiben,
Eine Stellungnahme
schreiben:
Wissenswertes
auf einen Blick,
Umschlagklappe hinten

Unserer Meinung nach …
Wir sind davon
überzeugt, dass …
Unserer Ansicht nach …
Wir denken, dass …
Ein weiteres Argument
dafür/dagegen ist, …
Wir bitten Sie, dem
Klassenausflug (nicht)
zuzustimmen, …

Starthilfe

Fürstenberg, 12. Mai 2010

Sehr geehrte Eltern,
in zwei Wochen ist für die Klasse 6a ein ganz besonderer Klassenausflug
geplant. Wir können nach Wünneberg in den …

9 Überprüfe deinen fertigen Brief mit der Checkliste.

ja	nein	Checkliste für einen Brief mit Stellungnahme
☐	☐	Habe ich **Ort**, **Datum** und **Anrede** verwendet?
☐	☐	Habe ich meine **Meinung** geäußert?
☐	☐	Habe ich mindestens **drei Argumente** genannt?
☐	☐	Habe ich **Beispiele** für die Argumente angeführt?
☐	☐	Habe ich um **Zustimmung** oder **Ablehnung** gebeten?
☐	☐	Endet mein Brief mit **Grußformel** und **Unterschrift**?
☐	☐	Habe ich das **Anredepronomen „Sie"** großgeschrieben?
☐	☐	Ist die **Sprache sachlich** und die **Rechtschreibung geprüft**?

Das kann ich! – Stellung nehmen

1 Ergänze die Lücken.

/3 Punkte

Deine Stellungnahme überzeugt, wenn du deine _____

mit _____ begründest.

Argumente werden anschaulicher, wenn du sie mit _____ verdeutlichst.

Die 6a sammelt Argumente für und gegen einen Besuch im Spaßbad.

◯ Einen Besuch im Spaßbad müssen wir nicht aufwändig vorbereiten.

Man kann dort nicht richtig schwimmen. ①

◯ Im Spaßbad kann man wichtige Dinge für den Urlaub am Meer lernen.

Die, die nicht gut schwimmen können, werden von den anderen oft geärgert. ②

◯ Das Spaßbad ist kein Ausflugsziel für die ganze Klasse.

Es ist in der Stadt und wir können mit den Schülertickets hinfahren. ③

◯ Ein Besuch im Spaßbad kann ein ganz besonderes Gemeinschaftserlebnis sein.

Eine Voranmeldung per Telefon genügt und Schwimmsachen hat jeder. ④

Einige können nicht mitkommen, weil der Eintrittspreis hoch ist. ⑤

◯ Ein Besuch im Spaßbad ist ein günstiges Vergnügen.

Im Wellenbecken kann man üben, durch Wellen zu tauchen und in Wellen zu schwimmen. ⑥

◯ Für echte Schwimmer ist das Spaßbad langweilig.

Im Spaßbad haben ◯ nicht alle ihren Spaß.

Es gibt viele Möglichkeiten für Spiele in Gruppen. ⑦

2 **a.** Markiere die Kullern der Behauptungen mit Blau und die Kullern der Argumente mit Rot.
   b. Ordne passende Behauptungen und Argumente mit Zahlen zu.

/14 Punkte

3 Ordne die Beispiele passenden Argumenten aus Aufgabe 2 zu.

/2 Punkte

◯ Mit aufblasbaren Kissen kann man gemeinsam eine Brücke bauen, über die man nur balancieren kann, wenn die anderen die Kissen im richtigen Moment halten.

◯ Im Sommer im Freibad haben mich andere nassgespritzt und untergetaucht.

4 Überarbeite den Brief der 6a an den Schulleiter, Herrn Lang.
Du kannst Argumente und Beispiele von dieser Seite verwenden.
Tipp: Überprüfe dein Ergebnis mit der Checkliste von Seite 24.

/16 Punkte

Hallo,

in zwei Wochen möchte die Klasse 6a einen Ausflug ins Spaßbad nach Neustadt machen. Für diesen etwas anderen Ausflug haben wir mehrere Argumente. Im Spaßbad kann man viel lernen. Außerdem dient diese Fahrt der Klassengemeinschaft. Auch unser Teamgeist wird gefördert.
Wir bitten Sie darum, unseren Antrag zu genehmigen.

Peter Meier

Gesamtpunktzahl: /35 Punkte

Kurze Mitteilungen schreiben

Wenn du viele Dinge im Kopf hast, aber gerade noch etwas anderes tun musst, kannst du dir Notizen schreiben.

Der Vater lädt Sascha und seine Schwester spontan ins Kino ein. Aber Sascha hat noch so viel zu tun. Die Mutter hat übrigens Spätschicht und kommt so gegen 20:30 Uhr hungrig nach Hause.

1 Was sollte Sascha notieren, bevor er ins Kino geht?
Schreibe zwei Notizen. Beachte dabei die Hinweise am Rand.

> **Notizen schreiben**
> Notizen sollen **kurz** und **übersichtlich** sein. Du kannst **Stichworte** verwenden, **Wichtiges unterstreichen** und musst **keine ganzen Sätze** verwenden.

Für Mama!

Frau _____

_____

_____

_____

_____

_____

_____

_____

_____

Z **2** **a.** Wo könnte Sascha die Notiz für die Mutter hinterlegen, damit sie sie auch ganz sicher findet? Kreuze an.
b. Begründe jeweils deine Entscheidung.

mehr zu Begründungen auf den Seiten 22–25

Ort	ja	nein	Begründung
auf das Kopfkissen	☐	☒	Weil es nicht sicher ist, dass sie vor 21:00 Uhr ins Bett geht.
an den Kühlschrank	☐	☐	
neben das Telefon	☐	☐	
an den Fernseher	☐	☐	

Als Sascha nach dem Kino ins Bett will, findet er auf dem Kopfkissen seinen Notizzettel. Er fragt seinen Vater, ob er noch schnell die E-Mail schreiben darf, die er Leonie versprochen hat.

An: _____

Betreff: _____

Anlagen: _____

_____

_____

_____

_____

_____

_____

_____

_____

3 Schreibe an Leonie die E-Mail mit Knuts Adresse.
– Beachte die Tipps für korrekte E-Mails.
– Verwende die Angaben aus Saschas Adressbuch.

Leonie Grebma
Wagengasse 5
67890 Einöl am Berg

Telefon: 06789 / 12345
E-Mail: leonie.grebma@einoel.de

Knut Ludwig
Seestraße 4
23456 Knutsburg am Ludwigssee

Telefon: 01234 / 56789
E-Mail: giwdul.tunk@grubstunk.de

Tipps für korrekte E-Mails:
1. Trage die E-Mail-Adresse des Empfängers ein.
2. Trage einen **Betreff** ein, damit der Empfänger weiß, worum es geht.
3. Verwende eine **freundliche Anrede** mit Komma am Ende.
4. Beginne den Text nach einer Leerzeile. Schreibe **das Wort** nach der Anrede **klein**.
5. Beende die E-Mail mit einem **Gruß** und mit **Namen**.
6. Füge eine im Text erwähnte **Anlage (Datei)** wirklich ein.
7. Überprüfe vor dem Absenden die **Rechtschreibung**.
8. **Prüfe vor dem Absenden** noch einmal Empfängeradresse und Betreff.
9. Das **Datum** musst du **nicht angeben**. Es erscheint beim Empfänger automatisch.

Sascha fällt ein, dass er noch ein Foto Leonies von der Klassenfahrt auf dem Rechner hat.

4 **a.** Füge die folgende Anlage an der richtigen Stelle ein.
b. Schreibe am Ende der Mail ein passendes PS* dazu.

Foto-Leonie-15.9.jpg

*PS: Abkürzung für Postskriptum (lateinisch für „Nachschreiben"). Ein PS ist ein Nachsatz in einem Brief nach der Unterschrift. Ein zweiter Nachsatz heißt PPS und so weiter.

Sascha leiht das Handy seiner Mutter, um Adam eine SMS (Kurznachricht) zu schreiben. Er probiert mehrere Texte aus.

1	2	3
Hi, Adam, die erste Std. fällt aus (y). |-) weiter. & Frau Koops hat gesagt, du sollst das neue Mathebuch mitbringen. Oder willst du sie enttäuschen :^), so (inlove) wie du in sie bist :P. CU Sascha	Moin, Adam, voller Erfolg (music). Herrn Brinke hast du noch angesteckt (rofl). Kannst noch für deine Lieblingslehrerin lernen. & bring das neue MatheB mit. :S Ich verstehe da nichts (shake). Lg Sascha	Hey, Adam, Brinke krank. Erste frei. (whew) Koops will das neue Mathebuch anfangen :@ mitbringen! (nod) Du hast es bestimmt schon gel. & es unterm Kopfkissen.]:) Ciao Sascha

Sascha hat Abkürzungen und Emoticons* verwendet, um Zeichen zu sparen.

5 Übersetze die drei Texte.
– Verwende vollständige Sätze.
– Verwende keine Abkürzungen und keine besonderen Zeichen.
– „Übersetze" die Emoticons mit Hilfe der Angaben vom Rand.

Tipp: Oft musst du ein Emoticon durch einen ganzen Satz ersetzen.
Schreibe in dein Heft.

Starthilfe

SMS 1: Hi, Adam,
die erste Stunde fällt aus. Das finde ich prima.
Schlaf weiter. Und Frau Koops hat gesagt, du sollst …

* das Emoticon: kurze festgelegte Zeichenfolgen für Gefühle in E-Mails, SMS und im Internet. Im Internet gibt es für diese Zeichen oft kleine sich bewegende Bilder.

:S	=	besorgt
:P	=	Grinsen mit Zunge
(inlove)	=	verliebt
(y)	=	yes! Ja!
|-)	=	schläfrig
|-(	=	langweilig
(rofl)	=	lachend über den Boden rollen
:^)	=	fragend
(music)	=	Musik
(shake)	=	Kopfschütteln
(whew)	=	erleichtert
:@	=	böse
]:)	=	fieses Grinsen
(nod)	=	Nicken

Jetzt fällt Sascha ein, dass die SMS ja auf das Handy von Adams Mutter, Frau Moor, gesendet wird. Er muss den Text ändern.

6 Schreibe eine SMS an die Mutter von Adam.
– Verwende alle wichtigen Informationen.
– Verzichte auf jeden Spaß, der bei Adams Mutter nicht passt.
– Verwende nicht mehr als 160 Zeichen (Leerzeichen zählen mit).

Abkürzungen:
CU = see you (wir sehen uns)
Lg = Liebe Grüße

Das kann ich! – Kurze Mitteilungen schreiben

Leonie antwortet Sascha eilig, aber die E-Mail kommt nicht an.

An: _____ ahcsas.renegawQeinoel.de _____

Betreff: _____ Danke für die Adresse _____

Anlagen: _____

> Hallo, Sascha. Danke für Knuts Adresse. Er hat ja in
> der E-Mail-Adresse seinen Namen so umgedreht wie wir.
> Danke für das Foto. Aber da grinse ich wieder so. Ich mag
> sowieso keine Fotos von mir. Liebe Grüße Leonie
>
> ____ Anbei zwei Fotos von dir. Tschüss noch mal. Leonie

1 Markiere zwei Fehler im E-Mail-Kopf.
  a. Schreibe die richtige E-Mail-Adresse auf die Linie.
    Tipp: Ein Zeichen in der Adresse ist falsch. _____

  b. Markiere Stellen, an denen Absatz und Leerzeile fehlen.
  c. Welcher Bestandteil der E-Mail fehlt? Schreibe auf.

  _____

  d. Ergänze am Schluss eine passende Abkürzung
    und streiche eine überflüssige Wiederholung.

2 Welche Angabe erscheint bei E-Mails automatisch beim Empfänger?

Schreibe auf. _____

3 Schreibe den Text der E-Mail als Brief.

  – Ergänze dabei die fehlende Angabe aus Aufgabe 2.
    Du musst sie dir ausdenken.
  – Achte auf die richtige Zeichensetzung.

  _____

_____

_____

_____

_____

_____

_____

_____

Gesamtpunktzahl: ___ /20 Punkte

Aus anderer Sicht erzählen

1 Lies zunächst die Überschrift und betrachte das Bild zum Text. Worum geht es in dem Text vermutlich?

Der Fund am Straßenrand

An der Kasse einer Tankstelle bei Flensburg erzählt eine Kassiererin ihrer Kollegin: „Meine Tochter arbeitet doch in einem Kindergarten in Hamburg. Wissen Sie, was der Schwester der Kindergartenleiterin neulich passiert ist? Die Frau wohnt in Reinbek, das ist eine kleine

5 Stadt im Osten von Hamburg.
Eines Vormittags hat sie Einkäufe in Hamburg gemacht, und auf dem Rückweg bemerkt sie, dass Sperrmüll ist. Kurz vor Reinbek sieht sie im Vorbeifahren einen älteren Filmprojektor[1] auf dem Grünstreifen stehen. Da ihr Mann alte Filme und Projektoren

10 sammelt, hält sie an und packt das Gerät in den Kofferraum ihres Autos. Sie denkt bei sich, ihr Mann könne den vermutlich kaputten Apparat ausschlachten[2] und die Einzelteile als Ersatzteile für seinen Projektor verwenden.
Kurz vor Hamburg wird sie von einem Streifenwagen[3] gestoppt.

15 Die Polizisten verlangen ihren Führerschein und den Personalausweis. Da sie beides zu Hause vergessen hat, muss sie in den Polizeiwagen steigen und mit zur nächsten Wache fahren. Eine Polizistin fährt mit dem Auto der Frau hinterher. Auf der Wache behauptet die Polizei, sie habe ein Radargerät im Wert

20 von mehreren zehntausend Euro gestohlen. Die Polizisten erlauben ihr, ihren Mann an dessen weit entfernter Arbeitsstelle anzurufen. Erst nach Stunden kommt ihr Mann mit ihren Papieren auf die Polizeiwache, und es gelingt, den Irrtum glaubhaft zu machen."

[1] ein Gerät zum Vorführen von Filmen

[2] zerlegen und noch brauchbare Teile verwenden oder aufbewahren

[3] ein Fahrzeug der Polizei

➤ Wissenswertes auf einen Blick, Umschlagklappe vorn

2 Lies den Text genau. Wovon handeln die einzelnen Abschnitte?

3 **a.** Ergänze in der Tabelle die fehlenden Handlungsbausteine.
b. Ordne den Handlungsbausteinen die Fragen vom Rand zu.
c. Beantworte die Fragen in Stichworten.

Handlungsbausteine:
– Hauptperson und Situation
– Wunsch
– Hindernis
– Reaktion
– Ende

a) Wie reagiert die Hauptperson auf das Hindernis?
b) Wer ist die Hauptperson und wo spielt die Geschichte?
c) Wie endet die Geschichte?
d) Was hindert die Hauptperson daran, ihr Ziel zu erreichen?
e) Was will die Hauptperson mit dem Gerät?

Handlungsbaustein	Frage	Antwort
Hauptperson und Situation	b)	*Frau im Auto, Rückweg vom Einkaufen am Sperrmülltag, sieht einen Projektor*

4 Beantworte folgende Fragen zu der Geschichte.

a. Wer erzählt die Geschichte? Ergänze.

Eine _____ einer _____ bei _____,

deren _____ in einem _____ arbeitet,

dessen _____ die _____ der Hauptperson ist.

b. Aus der Sicht welcher Figur wird erzählt? Kreuze an.

☐ **A** aus Sicht der Frau im Auto ☐ **B** aus Sicht der Polizistin

☐ **C** aus Sicht der Kindergartenleiterin ☐ **D** aus Sicht des Mannes

5 In welcher Zeitform wird die Geschichte erzählt?

a. Markiere im Text alle Verbformen.

b. Kreuze an, welche Zeitformen im Text vorkommen.

☐ **A** Präsens (Gegenwart) ☐ **B** Präteritum (Vergangenheit)

☐ **C** Perfekt (abgeschlossene Vergangenheit)

c. Markiere die Zeitform, die besonders häufig im Text vorkommt.

Du kannst die Geschichte aus der Sicht einer anderen Figur erzählen.

6 Aus Sicht welcher Figur willst du die Geschichte neu erzählen?

a. Entscheide dich für eine der Figuren vom Rand.

b. Wie verläuft der Tag in der Geschichte für diese Figur? Notiere Ideen in deinem Heft.

> **Starthilfe**
>
> Die Kindergartenleiterin will ihrer Schwester dringend etwas erzählen und fährt zu ihr. …

7 Wie müsste die Geschichte aufgebaut sein, wenn du sie aus der Sicht deiner ausgewählten Figur erzählen willst?

a. Lege für die ausgewählte Figur eine Tabelle in deinem Heft an.

b. Schreibe zu jedem Handlungsbaustein ein, zwei Sätze auf.

– Zwei mögliche Bausteine für jede Figur findest du am Rand.
   Tipp: Ordne sie mit **E**, **P** oder **K** deiner Figur zu.

– Du kannst dir auch jeden Handlungsbaustein selbst ausdenken.
   Bedingung: Der „Diebstahl" des Radargeräts muss vorkommen.

Handlungsbausteine	Handlung
Hauptperson und Situation	Einer Polizistin und ihrem Kollegen im Streifenwagen wird der Vorfall gemeldet. Sie sollen hinfahren.
Wunsch	…
…	…

Starthilfe

---

der **Ehemann der Frau (E)**
die **Polizistin (P)**
die **Kindergartenleiterin (K)**

(P) Der Ehemann der Frau erklärt uns glaubhaft, dass die Frau irrtümlich gehandelt hat.

○ Sie hat eine schöne neue Geschichte, die sie am nächsten Tag im Kindergarten erzählen kann.

○ Die Frau ist nicht einsichtig und hat keine Papiere dabei.

○ Der Mann beendet gerade eine Arbeit und will zum Mittagessen, weil er großen Hunger hat.

○ Als sie ankommt, stürzt der Mann der Schwester gerade aus dem Haus, um seine Frau bei der Polizei abzuholen.

○ Seine Frau ruft von der Polizei an und bittet ihn, mit den Papieren zu kommen.

Die Geschichte wird im Originaltext in der Er/Sie-Form erzählt.
Wie wäre es, wenn sie in der Ich-Form stehen würde?

Z 8 a. Schreibe die Geschichte von Seite 30 in die Ich-Form um.
   Lasse die Einleitung zum „Weitererzählen" dabei weg.
   b. Wie wirkt der Text in der Ich-Form?
   Beschreibe die Wirkung und begründe, wodurch sie entsteht.

Starthilfe

Mein Fund am Straßenrand
Wissen Sie, was mir neulich passiert ist? Ich wohne doch in Reinbek ...

9 Schreibe die Geschichte aus Sicht deiner gewählten Figur.

   a. Entscheide dich für die Er/Sie-Form oder die Ich-Form.
   b. Gestalte in der Er/Sie-Form eine Einleitung wie im Originaltext.
      Nenne also einen Ort und die Personen, die die Sage weitererzählen.
   c. Nutze deine **Handlungsbausteine** aus Aufgabe 7.
      – Verwende in der Er/Sie-Form die **Zeitformen** wie im Originaltext.
      In der Ich-Form kannst du auch im Präteritum erzählen.
      – Beachte dazu die Arbeitstechnik in der hinteren Klappe.

Starthilfe

Der Mann hat gerade etwas erledigt und freut sich auf das Mittagessen, da klingelt ...

Starthilfe

Ich begann gerade meinen Dienst, da kam über Funk ...

10 Was wird in deiner Geschichte anders erzählt als im Original?
   Beschreibe, wodurch die veränderte Wirkung entsteht.
   Berücksichtige dabei die Ich-Form, wenn du sie verwendet hast.

Starthilfe

Aus der Sicht der Polizistin wirkt die Geschichte ...

Eine Geschichte gelingt oft erst beim Überarbeiten.

11 a. Überarbeite die folgende Version zu der Geschichte.
   – Prüfe, ob die **Einleitung** so ähnlich gestaltet ist wie im Original.
   – Rahme die **Handlungsbausteine** ein und notiere sie am Rand.
   – Markiere Abweichungen **wichtiger Angaben** vom Original mit Blau.
   – Prüfe die **Zeitform** der Verben und markiere Abweichungen mit Rot.
   – Markiere **Verben**, die sich **wiederholen**, mit Gelb.
      Achte dabei auch auf die Einleitungen von wörtlicher Rede.
   b. Schreibe die vollständige Überarbeitung in dein Heft.
      Ergänze dabei fehlende Teile und eine passende Überschrift.

Einleitung und
Handlungsbausteine

Mein Bruder arbeitet doch in Lübeck. Wissen Sie, was dem Vater
des Schulfreundes seines Sohnes passiert ist?
Der Mann arbeitet bei der Verkehrspolizei und an dem Tag hatten sie
ganz frühmorgens mehrere Radarfallen aufgestellt.
5 Er fuhr also mittags mit einem Kollegen zu den Geräten, weil sie
die Geräte kontrollieren wollen.
An einer Stelle kurz vor Flensburg ist kein Gerät. Jemand hat es
entwendet. „Wer entwendet der Polizei ein Radargerät?", fragt
der Mann seinen Kollegen. „Jemand, der gerade geblitzt wurde",
10 sagt der Kollege. Er sagt: „Der weiß nicht, dass die Bilder sofort
an die Zentrale gesendet werden." Der andere sagt: „Wir sehen
die Bilder durch." Er sagt: „Ja, der Täter muss dabei sein." Sie fuhren
also in die Zentrale. Es gibt 34 Bilder von Autos mit überhöhter
Geschwindigkeit. Sie prüfen zuerst die Fahrer, die besonders schnell
15 gefahren waren, denn für die wäre die Strafe besonders hoch.

Einleitung

Hauptperson und

Situation

Das kann ich! – Aus anderer Sicht erzählen

Punkte

A Karl hatte Hunger, obwohl er vor einer Stunde Mittag gegessen hatte. …
B Es war ein grauer, nebliger Tag und ich wartete fröstelnd auf den Bus. …

1 Wie heißt jeweils die Form, in der die beiden Textanfänge erzählt werden?

A _____   B _____

/2 Punkte

2 Ordne folgende unfertige Geschichte.
   a. Schreibe passende Handlungsbausteine neben die Absätze.
   b. Bringe die Absätze in eine sinnvolle Reihenfolge.

/10 Punkte

Handlungsbausteine:
– Hauptperson
  und Situation
– Wunsch
– Hindernis
– Reaktion
– Ende

Ich überlegte, wie ich Papa dazu überreden könnte, mir die Schuhe zu kaufen.
Da kam mir die Idee. Er schimpfte die ganze Zeit, dass er noch das Auto waschen muss.
Und gleich kam die Sportschau.

Als ich es ihm vorschlug, sah er mich lächelnd an und fragte mich, was ich denn dafür will.

Die Schuhe waren leider sehr teuer.

Kyra aus der 6 b hatte genau diese Schuhe, die ich schon seit Wochen haben wollte.

Ich bin Lydia und ich brauchte damals ganz dringend neue Schuhe.

3 Finde eine Stelle, an der du gut wörtliche Rede einsetzen kannst.
   Schreibe die Stelle mit wörtlicher Rede auf.

_____

_____

/2 Punkte

4 Schreibe Lydias Geschichte in der Ich-Form überarbeitet in dein Heft.
   Beachte die Arbeitstechnik in der hinteren Klappe.

/7 Punkte

5 Plane die gleiche Geschichte aus der Sicht des Vaters.
   Notiere Ideen für alle Handlungsbausteine in deinem Heft.

/5 Punkte

Starthilfe

Hauptperson und Situation: ein Mann, der sein Auto waschen muss

6 Schreibe die Geschichte aus Sicht des Vaters in dein Heft.
   – Du kannst in der Er/Sie-Form oder in der Ich-Form erzählen.
   – Du kannst die wörtliche Rede aus Aufgabe 3 verwenden.
   – Halte dich im Hauptteil an die **Handlungsbausteine** aus Aufgabe 5.
   – Verwende die **Zeitformen** wie im Originaltext.
   – Beachte die Arbeitstechnik in der hinteren Klappe.

/14 Punkte

Gesamtpunktzahl: /40 Punkte

Ein Gedicht erschließen

Drei Finken Wolf Harranth

Es sitzen drei Finken auf einem Ast.   _a_

Die haben zur Herbstzeit den Abflug verpasst.   _____

Da hocken sie nun und träumen   _____

Von sommersonnigen Bäumen.   _____

5 Doch beißt sie ein Windstoß von Zeit zu _____   _____

Und zaust ihnen eisig das Federkleid   _____

Und bringt ihren Ast arg ins Schwanken,   _____

geraten die Träume ins _____ .   _____

Dann rucken sie hin und rucken sie her,   _____

10 die frierenden Finken, und träumen nicht mehr.   _____

Und ich höre sie, will es mir scheinen,   _____

ganz leise auf Finkenart _____ .   _____

> **Reime** eines Gedichtes kennzeichnet man mit Kleinbuchstaben. Dabei erhält jeder neue Reim einen eigenen Kleinbuchstaben. Zum Beispiel so:
>
> | ... Ast | a | ⎫ |
> |---|---|---|
> | ... Birne | b | Kreuzreim |
> | ... fast | a | |
> | ... Stirne | b | ⎭ |
>
> | ... Füßen | c | ⎫ |
> |---|---|---|
> | ... denken | d | umarmender |
> | ... schenken | d | Reim |
> | ... Grüßen | c | ⎭ |
>
> | ... Last | a | ⎫ |
> |---|---|---|
> | ... Mast | a | Paarreim |
> | ... versenken | d | |
> | ... lenken | d | ⎭ |
>
> Paarreim (aabb), Kreuzreim (abab) und umarmender Reim (abba) sind wichtige **Reimschemata**.

1 Lies das Gedicht einmal laut.

Viele Gedichte haben am Ende der Verse Reime.

2 Ergänze im Gedicht passende Reimwörter.

> weinen, meinen, Zeit, Wanken, weit, Zanken

3 a. Lies die Informationen zum Reim am Rand.
b. Kennzeichne die Reime im Gedicht mit Kleinbuchstaben.
c. Schreibe auf, welches Reimschema das Gedicht hat.

4 a. Lies die Informationen zu Vers und Strophe am Rand.
b. Ergänze die folgende Aussage in deinem Heft.

Das Gedicht ▮ von ▮ besteht aus ▮ mit jeweils ▮ .
Das Reimschema des Gedichts ist der ▮ .

> Eine Zeile im Gedicht nennt man **Vers**. Eine bestimmte Anzahl von Versen, die miteinander zu einer Einheit verbunden sind, nennt man **Strophe**.

Oft beschreiben Gedichte Bilder.

Z **5** Welche Bilder beschreibt das Gedicht? Beschreibe, wie ein Foto zu jeder Strophe aussehen könnte. Schreibe in dein Heft. Du kannst natürlich auch zu jeder Strophe ein Bild malen.

> **Starthilfe**
> Das erst Bild ist ruhig.
> Die Finken sitzen ...

Anschaulich wird ein Gedicht durch sprachliche Bilder.

Sprachliche Bilder
sind Wörter oder Wortgruppen, die nicht in ihrer eigentlichen, sondern in einer übertragenen Bedeutung verwendet werden. Häufig entstehen sprachliche Bilder, indem Wörter auf ungewöhnliche Weise miteinander verbunden werden.

6 a. Lies die Informationen über „sprachliche Bilder" am Rand.
b. Markiere Stellen im Gedicht, die vielleicht sprachliche Bilder sind.

7 Schreibe Beispiele für sprachliche Bilder aus dem Gedicht auf.
Zitiere mit Anführungszeichen und notiere in Klammern die Zeilenzahl.

a) **Menschliche Eigenschaften** werden auf Tiere oder anderes **übertragen**.

„sie (die Finken) träumen" (Zeile 3), _____

_____

_____

b) **Neue Wörter** werden gebildet. _____

c) Wörter oder Wortgruppen werden **wiederholt**.

_____

d) **Vorgestellte Dinge** tun etwas oder bewegen sich.

_____

Z 8 Beschreibe für jedes sprachliche Bild, welche Stimmung bei dir entsteht.
Begründe deinen Eindruck jeweils in einem Satz.

> **Starthilfe**
> Träumende Finken: Einerseits wirkt es etwas traurig, weil sie den Abflug verpasst haben. Andererseits …

Z 9 a. Schreibe deine Ergebnisse zu den Aufgaben 4, 6, 7 und 8 in ganzen Sätzen in dein Heft.
b. Ergänze deine Meinung zu dem Gedicht und begründe sie.

Das kann ich! – Ein Gedicht erschließen

Punkte

1 Ergänze die Lücken in den folgenden Angaben zu den Reimschemata.

Paarreim = _____ , _____ = abab, umarmender Reim = _____

☐ /3 Punkte

2 a. Finde jeweils zwei bis drei Reimwörter für die folgenden Wörter.
b. Schreibe ein Gedicht mit vier der Reimwörter in dein Heft.

☐ /6 Punkte
☐ /8 Punkte

Regen, _____ , _____ , _____

Meise, _____ , _____ , _____

3 Wie heißen die Zeilen in einem Gedicht? _____

☐ /1 Punkt

4 Wie nennt man eine Einheit aus mehreren solchen Zeilen?

_____

☐ /1 Punkt

5 Wodurch werden Gedichte oft anschaulich?

_____

☐ /1 Punkt

Gesamtpunktzahl: ☐ /20 Punkte

Rechtschreibhilfen

Entwickle dein Rechtschreibgespür!

Lass Rechtschreibzweifel zu!

Rechtschreibhilfen helfen dir, richtige Entscheidungen zu treffen.

Die drei wichtigsten Rechtschreibhilfen sind:

➤ Wissenswertes
auf einen Blick,
Seite 94

> **Gliedern:** Du zerlegst ein Wort in Sprechsilben.
>
> **Verlängern:** Du verlängerst ein Wort, bildest z. B. den Plural
> oder den Infinitiv.
>
> **Ableiten:** Du findest ein verwandtes Wort.

Das Gliedern

Aus einem Krimi

Keuchend rannte der gesuchte Schwerverbrecher die steile Treppe hinauf. Dann rüttelte er an einer Tür. Drinnen bellte ein Hund. Eine Kirchturmuhr schlug Mitternacht. Jemand öffnete vorsichtig die Tür Der Verbrecher griff in seine Tasche. Ein Schuss fiel, ein großer Gegenstand kippte um und ein ohrenbetäubender Lärm war zu hören. Plötzlich schrie jemand im Treppenhaus: „Hände hoch!" Uniformierte Polizeibeamte stürmten die Treppenstufen herauf. In Sekundenschnelle war der Mann überwältigt und festgenommen. Der geschockte Wohnungseigentümer war sichtlich erleichtert.

1 **a.** Lies den Text.

b. Sprich die farbigen Wörter langsam und deutlich – Silbe für Silbe.

c. Zerlege diese Wörter in Sprechsilben und ordne sie gegliedert in die Tabelle ein.

Wörter mit drei Silben	Wörter mit vier Silben	Wörter mit fünf Silben
	Schwer | ver | bre | cher	
Wörter mit sechs Silben		

2 **a.** Zerlege die Wörter in der Randspalte ebenfalls in Sprechsilben.

b. Ordne sie in die Tabelle ein.

3 **a.** Schreibe den Text in dein Heft.

b. Markiere die gegliederten Wörter aus Aufgabe 1.

Silvesterfeuerwerk

Fußbodenheizung

Elternhaus

Geburtstag

Riesenerfolg

Weiterführendes:

Einsilbige Wörter mit Doppelkonsonanten

> Einsilbige Wörter mit Doppelkonsonanten in der Mitte oder am
> Ende musst du zuerst verlängern. Dann kannst du sie gliedern.
> Setze **Nomen** in den **Plural**! der Herr → die Her|ren
> r/rr?   rr!
> Bilde zu **Verbformen** den **Infinitiv**! er hofft → hof|fen
> f/ff?   ff!
> Steigere die **Adjektive**! schlimm → schlim|mer
> m/mm?   mm!

4 Entscheide die Schreibung. Schreibe dazu den Plural, den Infinitiv
oder die Steigerungsform **gegliedert** in die Klammer.

Als die Feuerwehr eintri_ff_t (ff/f) (_ein | tref | fen_),

bre____t (nn/n) (_____) bereits das Dach.

In einige Länder ka____ (nn/n) (_____) man nur mit

einem gültigen Pa____(ss/s) (_____) einreisen.

„Wir finden es ne____(tt/t) (_____), dass Sie uns

den Ball zurückgeben", sagte ich dem Nachbarn.

„Ko____(mm/m) (_____) schne____(ll/l) (_____),

der Zug fährt in wenigen Sekunden ab!", rief meine Freundin.

Das Verlängern und das Ableiten

Mut und Erfolg

Der Sohn des Indianerh____ptlings (äu/eu) sah, dass es seinem
Vol____ (g/k) schlecht ging. Sie waren im Krie____ (g/k) mit dem
Stamm der Irokesen. Aber Schneller Pfeil von den Irokesen war
sein Freun____ (d/t). Und so schmiedeten sie einen Plan. „Du
l____fst (äu/eu) in unser Lager. Ich schleiche mich zu deinem Vater
und erkl____re (ä/e) ihm, dass wir so lange nicht zurückgehen, bis
unsere Völker Frieden geschlossen haben." Um Mitternacht führten
sie ihren Plan aus. Sie hatten Erfol____ (g/k). Ihr Mut brachte
tats____chlich (ä/e) ihren St____mmen (ä/e) den ersehnten Frieden.

5 **a.** Lies den Text.
b. Entscheide durch Verlängern oder Ableiten die Schreibung.
c. Schreibe den Text in dein Heft.
d. Markiere die eingesetzten Buchstaben.

> ➤ mehr zu den Rechtschreibhilfen
> im Wissenswerten auf Seite 94

Weiterführendes: Merkwörter mit ä oder äu

Diese Wörter mit ä/äu kannst du nicht ableiten. Es sind **Merkwörter**!
spät, Gerät, Käse, sägen, schräg, Träne, Bär, Kapitän, Lärm,
abwärts, fähig, ungefähr, Säule, Geländer, Wollknäuel

6 **a.** Ordne die Wörter in eine Tabelle in deinem Heft.
b. Ergänze bei den Nomen die Artikel.
c. Markiere **ä** oder **äu**.

7 Wähle fünf Wörter aus. Schreibe Sätze in dein Heft.

Starthilfe		
Merkwörter mit ä/äu		
Wörter mit einer Silbe	Wörter mit zwei Silben	Wörter mit drei Silben
spät	...	...

Das kann ich! – Gliedern, verlängern, ableiten

Punkte

1 Wie heißen die drei wichtigsten Rechtschreibhilfen?

das _____ , das _____ und das _____

☐ /3 Punkt

2 Gliedere die Wörter in Silben.

ohrenbetäubend _____

in Sekundenschnelle _____

das Silvesterfeuerwerk _____

☐ /3 Punkt

3 **g** oder **k**? **d** oder **t**? Entscheide die Schreibung.

Er ist weltbekann___.   das Vol___   der Erfol___   der Freun___

☐ /4 Punkte

4 Entscheide die Schreibung.

Verlängern ka___ ich gut. Für die Reise in die USA brauche ich einen Pa___.

Unser Nachbar ist ne___ zu mir. Die Feuerwehr tri___t rechtzeitig ein.

☐ /4 Punkte

5 **a.** Markiere von den folgenden Wörtern mit **ä/äu** nur die Merkwörter.
b. Schreibe sie auf die Linie.

erklären, tatsächlich, abwärts, Häuptling, schräg, du läufst, Säule, die Stämme

_____

☐ /3 Punkte

6 Schreibe die fünf Fehlerwörter richtig auf die Linien.

Er hoft, den Preis zu gewinnen.
Die Straße führt steil abwerts.
Die Verletzung ist nicht so schlimm.
Zum Geburtstag lade ich dich ein.
Die Katze spielt mit dem Wollkneuel.
Ich spare pro Monad ungefähr fünf Euro.
Der Schwerferbrecher wurde festgenommen.

Achtung: Fehler!

_____

_____

_____

_____

_____

☐ /5 Punkte

Gesamtpunktzahl: ☐ /22 Punk

Wörter bilden und schreiben

➤ Wissenswertes auf einen Blick, Seite 94

> Verben verbinden sich besonders häufig mit den Vorsilben
> **ver-**, **be-**, **ent-** und **er-**.
>
> ver- + laufen = verlaufen   be- + fahren = befahren
> ent- + wässern = entwässern   er- + finden = erfinden

1 Bilde neue Verben mit den Vorsilben **ver-**, **be-**, **ent-** und **er-**.
Tipp: Es sind mehr als 20 Verben möglich.

ver-
be-
ent-
er-

+

kommen
decken
raten
hungern
öffnen
täuschen
antworten
zählen
wickeln
suchen

=

verkommen,
_____
_____
_____
_____
_____
_____

Spinnen

„Das errätst du nie, was ich in unserem Keller entdeckt habe. Ein Spinnennetz mit einer Spinne und mindestens 50 Spinnenkindern", erzählte Peter seinem Schulfreund. „Vielleicht beantwortet uns unsere Lehrerin die Frage, wie Spinnenkinder geboren werden. Ich habe versucht, die Antwort im Internet zu bekommen, aber es ist mir nicht gelungen." Klaus entgegnete: „Sei aber nicht enttäuscht, wenn Frau Schneider das auch nicht weiß. Ich glaube, sie hat Angst vor Spinnen."

2 **a.** Markiere im Text alle Verbformen mit den Vorsilben
ver-, **be-**, **ent-** und **er-**.
b. Schreibe die Verbformen in dein Heft und ergänze den Infinitiv.

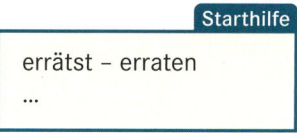

Starthilfe
errätst – erraten
...

> Aus drei Nomen kann ein neues Nomen entstehen.
> das Dorf + der Gast + der Hof = der Dorfgasthof

Z **3** Bilde vier zusammengesetzte Nomen. Ergänze jeweils den Artikel.
Tipp: Einmal musst du ein s einfügen.

Leben
Winter
Auto
Kreuz

+

Fahrt
Bahn
Mittel
Sport

+

Wetter
Markt
Polizei
Schiff

=

_____
_____
_____
_____

> Auch mit **Verben** oder **Adjektiven** kannst du neue **Nomen** bilden.
> überhol(en) + die Spur = die Überholspur
> grün + der Specht = der Grünspecht

4 Bilde zusammengesetzte Nomen.
Schreibe sie mit Artikeln auf die Linien.

Verben		Nomen	
fahren		Gerät	
hören	+	Kanne	=
gießen		Faden	
binden		Karte	

_____
_____
_____
_____

Adjektive		Nomen	
blau		Luft	
edel	+	Beere	=
heiß		Holz	
fremd		Sprache	

_____
_____
_____
_____

5 Ergänze passende Zusammensetzungen aus den Aufgaben 3 und 4.
Tipp: Einmal musst du eine weitere Zusammensetzung bilden.

Mein Traum: auf einem _____ in die Südsee reisen.

In einigen Jahren werde ich zwei _____ beherrschen.

Bei idealem _____ fahren wir in den Schnee.

Mein Großvater benutzt seit kurzem ein _____.

Kurz vor Köln stoppte die _____ den Raser.

Der Ballon wird vor dem Start mit _____

gefüllt und während der Fahrt wird nachgeheizt. Deshalb heißt

so ein Ballon auch _____.

> Aus Nomen werden Verben.
> Ein **Sturm** beginnt. → Es **stürmt**.

6 Bilde Verben. Ergänze in Klammern den Infinitiv.

Die Klasse macht Lärm. → Sie _____. (_____)

Er empfindet Trauer. → Er _____. (_____)

Ich hatte einen Traum. → Ich _____. (_____)

Der Hagel fällt. → Es _____. (_____)

> Aus einem **Nomen** und einem **Adjektiv** entsteht eine neues **Adjektiv**.
> die Umwelt + freundlich = umweltfreundlich

7 Bilde Adjektive.

Meter, Kampf Vitamin, Liebe	+	voll, reich stark, lang	=	_____ _____

> Aus **Adjektiven** und **Nomen** entstehen neue **Adjektive**.
> Eine Wortgruppe wird verkürzt.
> dick wie ein Finger = fingerdick
> Adjektiv   Nomen

8 **a.** Ergänze die Wortgruppen mit den passenden Nomen.
b. Bilde Adjektive aus den Wortgruppen.

schwer wie _____   _____

weich wie _____   _____

rot wie _____   _____

hart wie _____   _____

scharf wie _____   _____

schwarz wie _____   _____

schnell wie _____   _____

grün wie _____   _____

Nomen
ein Messer
Feuer
eine Tonne
das Gras
Butter
Pech
ein Pfeil
Stein

Z **9** **a.** Lies den Text.
b. Ergänze passende Wörter aus den Aufgaben 6, 7 und 8.
c. Schreibe den Text in dein Heft. Markiere die Lückenwörter.

Es hagelte Süßigkeiten

Die Mutter rüttelte Tim _____ an der Schulter:

„Aufwachen!" „Schade, ich habe gerade so schön geträumt.

Es _____ Süßigkeiten vom Himmel", antwortete Tim.

„Nun, _____ deinem Traum nicht nach. In der Küche

wartet ein leckeres Frühstück auf dich", sagte die Mutter. „Bestimmt

_____ und gesund, aber ohne Süßigkeit", beklagte

sich Tim. „Das hast du _____ erkannt",

meinte seine Mutter lächelnd.

Das kann ich! – Wörter bilden und schreiben

1 **a.** Ergänze den Merksatz.

> Verben verbinden sich besonders häufig mit den Vorsilben
>
> _____, _____, _____ und _____ .

/4 Punkte

b. Bilde mit jeder Vorsilbe zwei neue Verben.

_____

_____

/8 Punkte

2 Ergänze die Verben und Nomen mit dem fehlenden Baustein.

_____täuschen, die Auto_____polizei, die Heiß_____ , _____hungern

/4 Punkte

3 Bilde mit den Wortbildungsmustern jeweils ein neues Nomen.

Nomen + Nomen + Nomen = _____

Verb + Nomen = _____

Adjektiv + Nomen = _____

/3 Punkte

4 Bilde Verben. Ergänze in Klammern den Infinitiv.

Ein Sturm beginnt. → Es _____. (_____)

Die Klasse macht Lärm. → Sie _____. (_____)

/4 Punkte

5 Bilde zu dem Wortbildungsmuster zwei Beispiele.

Nomen + Adjektiv = Adjektiv _____ _____

/2 Punkte

6 Verkürze die Wortgruppen, sodass Adjektive entstehen.

rot wie Feuer = _____ hart wie ein Stein = _____

weich wie Butter = _____

/3 Punkte

7 Setze passende Verben und Adjektive aus den Aufgaben 2 und 6 ein.

Tim war schon dabei zu _____ und stürzte sich auf

das Frühstück. „Das Ei ist ja _____, aber ich will

das Gelb _____!", nörgelte Tim _____.

Das Gesichtchen seiner Schwester Julia lief _____ an.

Sie hatte heute zum ersten Mal Eier gekocht. „Wer nörgelt, isst

das Gras im Garten!", warnte der Vater und meinte fröhlich: „Endlich

mal ein Ei, mit dem ich mir nicht das Hemd bekleckern kann."

/5 Punkte

Gesamtpunktzahl: /33 Punkte

Großschreibung

➤ Wissenswertes auf einen Blick, Seite 94

Aus **Verben** können **Nomen** werden.
Der Artikel **das** und die Wörter **zum**, **beim** und **im** machen's!
rechnen → **das** Rechnen / **zum** Rechnen /
beim Rechnen / **im** Rechnen

Das stimmt!

Das Schreiben von Texten ist nicht immer leicht. Schon eine kleine Ablenkung kann beim Schreiben dazu führen, dass das Schreiben des nächsten Satzes nicht gleich gelingt. Zum Schreiben musst du eben konzentriert und ruhig sein, dann wirst du im Schreiben von Texten mit der Zeit immer besser.

1
a. Markiere im Text die vier Fälle der Großschreibung von Verben.
b. Schreibe die „Fälle" in die Tabelle.
c. Ergänze die Tabelle mit Großschreibungen der Verben vom Rand.

gehen, lesen, denken, laufen, reisen

das macht's	**zum** macht's	**beim** macht's	**im** macht's
das Schreiben			

Achtung! Zwischen **das**, **zum**, **beim** und **im** und dem Nomen kann ein Adjektiv stehen. Die Großschreibung des Verbs bleibt. Das Adjektiv wird natürlich kleingeschrieben.
das Schreiben → das **gute** Schreiben

2
a. Entscheide mit Linien, welches Adjektiv zu welchem Verb passt.
b. Bilde aus den Verben Nomen mit **das**, **zum**, **beim** und **im**.
Schreibe die Großschreibungen mit den passenden Adjektiven in die Tabelle.

das
zum
beim
im
+

sicher ——— überqueren
schön ——— aufstehen
früh ——— fahren
deutlich ——— schreiben
schnell ——— spüren

das	*das sichere Überqueren*
zum	
beim	
im	

Aus **Verben** und **Adjektiven** können **Nomen** werden.
Die Endungen **-ung**, **-keit**, **-heit** und **-nis** machen's!
Wohn(en) → die Wohn**ung**   freundlich → die Freundlich**keit**
frei → die Frei**heit**   erlaub(en) → die Erlaub**nis**

3 Bilde Nomen mit passenden Endungen. Schreibe sie mit Artikeln auf.

senden	_die Sendung_	erzählen	_____	wahr	_____
ernähren	_____	höflich	_____	klug	_____
sparsam	_____	erleben	_____	sicher	_____
dankbar	_____	hindern	_____	schön	_____
ärgern	_____	ehrlich	_____	geheim	_____
pünktlich	_____	bewegen	_____	ereignen	_____
beschreiben	_____	gesund	_____		

4 Ergänze passende Nomen aus Aufgabe 3. Schreibe in dein Heft.

■ und ■ gehören ganz bestimmt zum guten Benehmen.
In der spannenden ■ ging es um ein großes ■, über das man
nichts weiß.
Meine Oma hat gute Tipps für die ■: früh schlafen gehen,
oft zu Fuß gehen und viel arbeiten. Tipps zur ■ gibt sie mir auch,
aber mein Portmonee ist trotzdem immer leer. Sag mir ruhig die ■,
denn ■ ist mir bei Freunden sehr wichtig.

Aus **Adjektiven** können **Nomen** werden.
Die Wörter **etwas**, **nichts**, **viel** und **wenig** machen's!
neu → **etwas** Neues → **nichts** Neues → **viel** Neues → **wenig** Neues

5 Bilde Nomen! Schreibe in dein Heft.

Starthilfe
lustig → etwas Lustiges, nichts ...
richtig → ...

lustig
richtig
lieb   + etwas, nichts, viel, wenig
bunt
süß

6 Ergänze die Sätze mit passenden Großschreibungen vom Rand.

Ich kann dir leider im Moment _____ mitteilen.

In der Zeitung habe ich _____ gelesen.

_____ haben wir bei unserer Reise in den Orient erlebt.

In dem Laden gab es nur _____, das ich mir leisten kann.

nichts Neues
etwas Wichtiges
viel Erstaunliches
wenig Preiswertes

Das kann ich! – Großschreibung

1 **a.** Ergänze die Merksätze.
   b. Ergänze zu jedem Merksatz weitere Beispiele mit den Wörtern vom Rand.
   c. Schreibe die Wortgruppen zum ersten Merksatz ein zweites Mal
     mit eigenen Adjektiven auf.

> Aus **Verben** können **Nomen** werden.
>
> Der Artikel _____ und die Wörter _____ , _____ und _____ machen's!

/4 Punkte

das Laufen, _____ , _____ ,

_____

/3 Punkte

das schnelle Laufen, _____ ,

_____ , _____

/3 Punkte

flüstern
schreien
üben

> Aus **Verben** und **Adjektiven** können **Nomen** werden.
>
> Die Endungen -_____ , -_____ , -_____ und -_____ machen's!

/4 Punkte

die Sendung, _____ , _____

_____ , _____

/4 Punkte

schön
beschreiben
hindern
pünktlich

> Aus **Adjektiven** können **Nomen** werden.
>
> Die Wörter _____ , _____ , _____ und _____ , machen's!

/4 Punkte

etwas Lustiges, _____

/3 Punkte

_____ , _____

wichtig
spannend
neu

2 Schreibe die Sätze in dein Heft und entscheide die Großschreibung.

Zum SCHREIBEN von guten Texten braucht man gute Ideen.
Wer viel LIEST, bekommt auch gute Ideen.
Ich muss dir etwas WICHTIGES mitteilen, damit du die PRÜFUNG
bestehst. Lies zunächst jede Aufgabe ruhig und konzentriert durch,
5 bevor du anfängst zu SCHREIBEN.
Wer anderen Menschen mit FREUNDLICHKEIT und HÖFLICHKEIT
begegnet, wird sicher auch HÖFLICH und FREUNDLICH behandelt.
Das LANGE WARTEN ist zu Ende, nun beginnen endlich die Sommerferien. Ich werde in den Ferien bestimmt viel SCHÖNES erleben.
10 Ich bekam die ERLAUBNIS zum ÖFFNEN der Tür.
Unter dem Weihnachtsbaum sah ich zu meiner ÜBERRASCHUNG
tatsächlich ein Aquarium.

/5 Punkte

Gesamtpunktzahl: /30 Punkte

Zusammen- und Getrenntschreibung, Kleinschreibung

> Wortverbindungen mit **irgend-** werden immer **zusammengeschrieben**.
> **irgendetwas, irgendwelche, irgendjemand, irgendwo, irgendwie, irgendwoher, irgendein, irgendwann**

➤ Wissenswertes auf einen Blick, Seite 94

1 Schreibe passende Wortverbindungen mit **irgend-** in die Lücken.

Eine Überraschung

„_Irgendetwas_ stimmt hier nicht", dachte bestimmt unser Lehrer

beim Betreten des Raumes. Normalerweise ist es nämlich so:

_____ Mitschüler stehen noch zusammen und plaudern.

5 _____ spielt den Clown und _____ hört

man lautes Lachen. Heute jedoch saßen alle still auf ihren Stühlen.

Es war mucksmäuschenstill. _____ war es unheimlich.

Unser Lehrer war sprachlos. Plötzlich piepste es _____

und _____ Mitschüler begann zu kichern. Das wirkte

10 ansteckend. _____ lachte die ganze Klasse. Der Lehrer

meinte schmunzelnd: „Ein solcher Unterrichtsbeginn gefällt mir."

> **Gar nicht** wird **gar nicht** zusammengeschrieben.
> Die **Getrenntschreibung** gilt ebenso für:
> **ein bisschen, auf einmal, ein wenig, darüber hinaus, gar kein**

2 Schreibe mit diesen Wortgruppen jeweils einen Satz in dein Heft.

> **Tageszeiten** und **Wochenzeiten** mit einem **s** am Ende werden immer **kleingeschrieben**.

3 Ergänze die Formen mit **s**.

der Morgen – aber: _morgens_	der Sonntag – aber: _sonntags_
der Mittag – aber: _____	der Montag – aber: _____
der Abend – aber: _____	der Dienstag – aber: _____
der Vormittag – aber: _____	der Mittwoch – aber: _____
der Nachmittag – aber: _____	der Donnerstag – aber: _____
die Nacht – aber: _____	der Freitag – aber: _____
	der Samstag – aber: _____

> Das Wort **beide(n)** wird immer **kleingeschrieben**: die **beiden**, euch **beide**, wir **beide**, diese **beiden**, alle **beide**, einer von **beiden**, ihr **beide**

4 Ergänze passende Wortgruppen mit **beide(n)**.

Der Schulleiter sagte zu den zwei Gewinnern des Lesewettbewerbs:

„Ich wünsche _____ alles Gute.“

Die Lehrerin ordnete an: „Iris und Bea, _____ schließt

die Fenster!“

Jan meinte zu Ricky: „_____ sind für immer

dicke Freunde.“

Das kann ich! – Zusammen- und Getrenntschreibung, Kleinschreibung

Punkte

1 Welche Wortverbindungen werden **immer zusammengeschrieben**?
a. Ergänze den Merksatz.
b. Schreibe drei solche Wortverbindungen auf die Linien darunter.

> Wortverbindungen mit _____ .

_____ _____ _____

/3 Punkte

/3 Punkte

2 Welche Wortpaare werden **immer getrennt geschrieben**?
Schreibe drei Beispiele auf.

_____ _____ _____

/3 Punkte

3 Welche **Kleinschreibungsfälle** kennst du? Ergänze die Merksätze.

> Das Wort _____ .

> **Tageszeiten** und _____
> _____ .

/3 Punkte

/3 Punkte

4 Entscheide: **zusammen** oder **getrennt**? **groß** oder **klein**?
Schreibe die Wörter oder Wortgruppen richtig am Rand auf.

„Gib mal deinen Ratzefummel“, sagte Lisa am m/Montag
in der ersten Stunde zu Jan. Jan verstand gar/nicht, was
Lisa wollte. „Sprichst du m/Montags in Rätseln?“, fragte er,
„irgend/wie ist das schon ein/bisschen seltsam.“

/5 Punkte

_____

_____

_____

_____

_____

Gesamtpunktzahl: /20 Punkte

Wörter mit ie, ih und langem i

Die folgenden Wörter haben alle ein lang gesprochenes i.

> Zwiebel, liegen, Biene, Ziel, Bier, dir, Ziege, bieten, Wiese, ihm, Brief, die, Dieb, Diener, Dienstag, dieser, fiel, Igel, vier, viel, gib, verschieden, verlieren, Tiger, fließen, Fliege, Frieden, frieren, ihn, trieben, Tier, tief, stießen, stiegen, ziehen, Stiefel, Spiel, Spiegel, spazieren, sieben, genießen, gießen, hielten, hier, hießen, Maschine, sie, schwiegen, schrieben, schrie, schmieren, sieht, schließen, schliefen, wir, schienen, Schiene, geliehen, schief, schieben, rieten, Riese, ihr, riefen, riechen, probieren, geschieht, piepen, Papier, niemand, nieder, nie, liest, fliehen, ließen, Kaninchen, liegen, liefen, Lied, mir, lieb

1 Sortiere die Wörter nach der Schreibweise des **langen i** in die Tabelle.

Wörter mit i ohne e	Wörter mit ie	Wörter mit ih
dir	die Zwiebel	ihm

2 Was kannst du anhand der Tabelle erkennen? Ergänze die Merksätze.

Sehr häufig wird das **lang gesprochene i** als _____ geschrieben.

Eher selten wird das **lang gesprochene i** als _____ geschrieben.

Nur dreimal wird das **lang gesprochene i** als _____ geschrieben.

Deine Entdeckung ist kein Zufall.
Auch wenn du alle Wörter mit lang gesprochenem i sortierst,
gibt es bei der Verteilung der Wörter kein anderes Ergebnis.

Die Wörter, die nur mit einem **i** geschrieben werden, sind
Merkwörter. Häufiges Schreiben hilft dir, sie dir zu merken.

➤ Wissenswertes
auf einen Blick,
Seite 95

3 Ordne die Wörter nur mit **i** aus der Tabelle nach dem Alphabet.

dir, _____

_____

4 Schreibe passende Wörter mit **i** in die Lücken.

Meine Eltern drücken _____ die Daumen. _____ uns bitte

den Ball zurück! Ich schenke _____ ein Buch. Der _____ sprang

durch einen brennenden Reifen. In unserem Garten entdeckte ich

einen _____ und ein _____ . Unsere Spül_____ ist voll.

_____ schreiben eine Klassenarbeit.

5 Schreibe die Wörter nur mit **i** auswendig auf.

_____ _____ _____ _____

_____ _____ _____

Das kann ich! – Wörter mit ie, ih und langem i

Punkte

1 Ergänze die Merksätze.

/6 Punkte

_____ _____ wird das **lang gesprochene i** als **ie** geschrieben.

Nur dreimal wird das **lang gesprochene i** als _____ geschrieben.

_____ _____ wird das **lang gesprochene i** als _____ geschrieben.

2 Schreibe acht Wörter auf, die nur mit **i** geschrieben werden.

/8 Punkte

_____ _____ _____ _____ _____

_____ _____ _____

3 Schreibe drei Wörter mit **ih** auf: _____ _____ _____

/3 Punkte

4 **a.** Vier Wörter sind falsch geschrieben. Streiche sie durch.
b. Schreibe die vier Wörter richtig am Rand auf.

Biene, Ziel, dier, Wiese, Brief, die, fiel, vier, viel, fließen,
Fliege, Frieden, gieb, trieben, Tier, tief, gießen, hier, hießen,
Maschiene, schmieren, nie, schließen, schliefen, mier,
schieben, Riese, riechen

Achtung:
Fehler!

/4 Punkte

_____

_____

_____

_____

Gesamtpunktzahl: /21 Punkte

Wörter ohne h und mit h

In den meisten Wörtern steht **kein h** nach einem
lang gesprochenen Vokal (a, e, o, u) oder **Umlaut (ä, ö, ü)**.

das **To**r   die **Tü**r
↑   ↑
langer Vokal   langer Umlaut

➤ Wissenswertes
auf einen Blick,
Seite 95

~~Blume~~   ~~Bär~~   ~~Wert~~   Dame   Gras   Faden   Tür   Wesen   grün   hören   holen   Kröte   (sie) kamen
Krone   spüren   Monat   nun   Not   Schal   Schnur   schön   dem   Schule   sparen   stören
(sie) waren   wenig   Herd   spät   schwer   nämlich   Flur   Grab   wem   gut   tun   müde   Jude

1 Sortiere die Wörter nach ihrem ersten Vokal oder Umlaut in die Tabelle
ein. Ergänze bei den Nomen die Artikel.

Wörter mit a/ä	Wörter mit o/ö	Wörter mit u/ü	Wörter mit e
der Bär,		*die Blume,*	*der Wert,*

2 **a.** Lies die Wörter in der Tabelle langsam und deutlich.
   b. Markiere den lang gesprochenen Vokal oder Umlaut mit Blau.
     Tipp: Es geht immer um den ersten Vokal oder Umlaut in einem Wort.

Bearbeite die folgenden Aufgaben in deinem Heft.

Z 3 Sortiere die Wörter aus Aufgabe 1 in eine zweite Tabelle
nach Nomen, Verben und sonstigen Wörtern.
Ergänze bei allen Nomen die Artikel und den Plural.

Starthilfe

Nomen – Plural	Verben	sonstige Wörter
die Blume –
die Blumen
…	hören
…	grün
…

Z 4 Bilde mit den drei Wörtern jeweils einen Satz.

(sie) kamen – spät – Schule	Dame – grün – Schal	holen – Blume – Grab

Einige **wenige Wörter** werden nach lang gesprochenen Vokalen
(a, e, o, u) oder Umlauten (ä, ö, ü) **mit h** geschrieben.
Sie behalten das **h in allen Wortformen** der Wortfamilie.
Einmal h – immer h!

zählen **bezahlen** **die Zahl** **zählbar**
↑ ↑ ↑ ↑
langer Umlaut langer Vokal langer Vokal langer Umlaut

---

fahren – befahren – die Fahrt – fahrtüchtig
zählen – bezahlen – die Zahl – zählbar
lehren – belehren – der Lehrer – lehrhaft

wohnen – bewohnen – die Wohnung – wohnlich
fühlen – anfühlen – das Gefühl – fühlbar
kehren – verkehren – der Verkehr – verkehrstüchtig

5 **a.** Markiere den lang gesprochenen Vokal oder Umlaut und das **h**
mit Rot.

b. Sortiere die blauen Wörter aus den Wortreihen in die Tabelle ein.

Verben mit Vorsilben	Nomen mit Artikeln	Adjektive
befahren,		
sonstige Wörter		

6 Sortiere auch diese Wörter mit **h** in die Tabelle von Aufgabe 5 ein.

die Bahn ehrlich die Gefahr bestehlen sehr berühmt ohne anführen die Uhr
auswählen beruhigt der Fehler belohnen kühl das Jahr gefährlich

7 **a.** Ergänze passende Wörter aus deiner Tabelle.
b. Markiere den lang gesprochenen Vokal und das **h** mit Rot.

Eine wichtige Überprüfung

Vor jeder längeren _____ mit unserem Auto überprüft mein Vater,

ob es auch wirklich _____ ist. Er sagt: „So habe ich ein gutes

_____ und bin _____. Reifen _____

ausreichendes Profil sind zum Beispiel sehr _____.

Denn auf regennasser Fahrbahn wird der Bremsweg länger."

a. Ergänze die Wortreihen mit Wörtern von Seite 51.

b. Markiere das **h** nach dem lang gesprochenen Vokal mit Rot.

fahren – _____ – die Fahrt – fahrtüchtig

_____ – einzahlen – _____ – _____

lehren – _____ – _____ – _____

_____ – bewohnen – _____ – _____

Z 9 Schreibe möglichst viele Wörter aus der Wortfamilie **fahr** in dein Heft.

Tipp: Sortiere die Wörter alphabetisch.

> **Starthilfe**
> abfahrbereit, abfahren,
> die Abfahrt,
> die Achterbahnfahrt, …

Z **Weiterführendes:**

Wörter mit h am Anfang der zweiten Silbe

> Bei ein paar **wenigen Verben** beginnt die **zweite Silbe** mit einem **h**.
> Merke: Auch die meisten **einsilbigen Formen** dieser Verben
> werden mit **h** geschrieben.
>
> se-**h**en   er sie**h**t
> ↑ ↑   ↑
> 1. 2. Silbe   einsilbig

1 Ergänze einsilbige Verbformen im Präsens. Markiere jedes **h** mit Rot.

blühen – es _____   ziehen – du _____   fliehen – sie _____

gehen – er _____   drehen – er _____   ruhen – sie _____

Achtung!
Drei Verben auf
dieser Seite haben
im Präteritum kein h.
ich zog, du zogst, …
ich ging, du gingst, …
ich stand, du standest, …

2 Ergänze den Infinitiv. Markiere jedes **h** mit Rot.

sie sieht – *sehen* _____   sie steht – _____   er leiht – _____

er droht – _____   es weht – _____   du mähst – _____

Bearbeite die folgende Aufgabe in deinem Heft.

3 Schreibe die beiden Texte ab und ergänze dabei passende Verbformen
aus den Aufgaben 1 und 2 (einsilbige oder zweisilbige Verbformen).
Tipp: Verwende in wörtlicher Rede Präsens und sonst Präteritum.

> **Starthilfe**
> **Ein Streit**
> „Du ziehst
> mein gutes Shirt …

Ein Streit

„Du ▢ mein gutes Shirt einmal an
und schon ▢ es gammelig aus!
Dir ▢ ich nie wieder etwas!",
▢ Lukas seiner Schwester. „Du
übertreibst doch", entgegnete sie.
Dann ▢ sie sich beleidigt um
und ließ ihren Bruder einfach ▢.

Der Rasen

Der Vater sagte morgens:
„Draußen ▢ ein heftiger Wind.
Es ▢ wohl ein Gewitter auf.
Den Rasen werde ich heute nicht
▢ können." Die Mutter meinte:
„Vielleicht ist es schnell wieder
trocken und es ▢ am Abend".

Das kann ich! – Wörter ohne h und mit h

1 **a.** Ergänze die Merksätze.
b. Ergänze zu jedem Merksatz drei Beispielwörter.

> In den meisten Wörtern steht _____ ____ nach einem
> **lang gesprochenen Vokal (a, e, o, u)** oder **Umlaut (ä, ö, ü)**.

/2 Punkte

_____ _____ _____

/3 Punkte

/4 Punkte

> Einige **wenige Wörter** werden nach lang gesprochenen Vokalen
> (a, e, o, u) oder Umlauten (ä, ö, ü) **mit h** geschrieben.
>
> Sie behalten das __ _____ _____ _____
>
> der Wortfamilie. Einmal h – immer h!

_____ _____ _____

/3 Punkte

> Bei ein paar **wenigen Verben** beginnt die _____ **Silbe**
> mit einem **h**.
> Merke: Auch die meisten **einsilbigen Formen** dieser Verben
>
> werden _____ ____ geschrieben.
>
> **Beispiele: ich sah, er floh, sie ruhte, sie drohten, es blühte, wir mähten**

/3 Punkte

Infinitive: _____ _____ _____

2 In der Wörterliste rechts gibt es fünf Fehler.
a. Streiche in drei Wörtern das **h**.
b. Ergänze in zwei Wörtern ein **h**.
c. Schreibe die fünf Wörter richtig auf die Linien.

Achtung: Fehler!

/5 Punkte

_____

_____

_____

_____

_____

das Gras, der Faden, die Tür,
das Wesen, grühn, die Kröte,
der Monat, wenig, spüren,
die Gefahr, berühmt, belohnen,
one, (sie) kahmen, stören, die Not,
die Bahn, spät, sparen, schwer,
die Uhr, höhren, ehrlich, kühl,
die Schuhe, die Kröte, der Feler

3 Schreibe die Wörterliste in dein Heft und markiere
die verbesserten Wörter.

/7 Punkte

Gesamtpunktzahl: /30 Punkte

dass-Sätze

➤ Wissenswertes auf einen Blick, Seite 95

> Nach Verben des Sagens, Denkens und Meinens folgen oft **dass**-Sätze. Der **dass**-Satz wird durch Komma vom Hauptsatz abgetrennt.
> **Ich hoffe sehr, dass so etwas nicht noch einmal vorkommt.**

1 **a.** Unterstreiche die **dass**-Sätze (Nebensätze).
b. Setze das fehlende Komma vor **dass**.
c. Kreise **dass** ein und kennzeichne das Komma mit einem Pfeil.

Er ist davon überzeugt, (dass) die 6. Stunde ausfällt. Ich weiß
↑

bestimmt   dass ich recht habe. Sie hofft sehr   dass der Zug

pünktlich ist. Wir freuen uns   dass du wieder gesund bist.

Wir wünschen dir   dass du den Wettkampf gewinnst. Ich

glaube fest daran   dass ich die Prüfung bestehe. Ich spüre

dass du mir vertraust.

2 **a.** Schreibe die folgenden Satzanfänge zu Ende. Verwende **dass**-Sätze.
b. Kreise **dass** ein und kennzeichne das Komma mit einem Pfeil.

Sie merkte nicht _____

Ich will _____

Enttäuscht sagte _____

3 **a.** Schreibe eigene **dass**-Sätze mit den Verben vom Rand.
b. Kreise **dass** ein und markiere das Komma.

sich freuen
wissen
leidtun

_____

_____

_____

_____

_____

_____

_____

_____

4 Besonders häufig kommen **dass**-Sätze in Briefen vor.
   a. Schreibe den folgenden Brief in dein Heft und
   setze dabei die fehlenden Kommas.
   Achtung! Die Abfolge der Sätze stimmt nicht.
   Entscheide, in welcher Reihenfolge die Sätze stehen müssen.
   b. Kreise **dass** ein und markiere die Kommas.

Hi, Andrea!

Bis bald! Auch meine Eltern wünschen dir dass du schnell
das Krankenbett verlassen kannst. Ich sende dir liebe Grüße. Ich
weiß genau dass du dich sehr darüber freuen wirst. Ich denke dass
ich dich bald besuchen werde. Ich glaube fest daran dass du bald
wieder gesund bist. Ich wünsche dir alles Liebe und gute Besserung.

Ciao Pia

Achtung: Fehler!

Z 5 Schreibe selbst einen Brief, in dem mindestens vier **dass**-Sätze
vorkommen.

Das kann ich! – dass-Sätze

1 Ergänze den folgenden Satz.   /2 Punkte

Vor der Konjunktion _____ steht immer ein _____ .

2 Ergänze passende Satzanfänge.   /6 Punkte

_____ dass du mir vertraust.

_____ dass hier etwas nicht stimmt.

_____ dass ich versetzt werde.

3 Der Text enthält drei Rechtschreib- und drei Zeichensetzungsfehler.
   a. Ergänze die Kommas im Text.   /3 Punkte
   b. Streiche die falsch geschriebenen Wörter durch.   /3 Punkte
   c. Schreibe den Text in dein Heft. Markiere die verbesserten Stellen.   /6 Punkte

Ein Haustier auf dem Wunschzettel?

Ich weiß, dass viele von euch Tiere mögen und einen solchen Wunsch
haben. Aber bevor du ihn auf den Wunschzettel schreibst, musst du
wissen, das ein Tier kein Spielzeug ist. Bedenke dass ein Tier viel Zeit
erfordert. Besonders wichtig ist es dass du das Tier artgerecht
halten kannst. Ich wünsche dir, das du eine gute Entscheidung triffst.
Voraussetzung für die Entscheidung ist aber in jedem Fall das deine
Familie einverstanden ist.

Achtung: Fehler!

Gesamtpunktzahl: /20 Punkte

Zeichensetzung

➤ Wissenswertes auf einen Blick, Seite 95

> Nomen, Verben und Adjektive kann man aufzählen.
> Die Wörter einer **Aufzählung** trennt man durch Kommas
> voneinander. Ausnahme: Kein Komma vor **und** oder **oder**:
> Ich esse am liebsten Erdbeereis, Schokoladeneis **oder** Nusseis.
> Ich schwimme, wandere **und** jogge gerne.
> Ich liebe grüne, rote **und** blaue Farben.

1 **a.** Setze in den Aufzählungen die fehlenden Kommas.
  b. Markiere die Aufzählungen mit Blau.
  c. Markiere deine Kommas mit Rot.

Mein Urlaubsparadies

Das Hotel: Es besitzt einen Spielkeller, ein Schwimmbad
und eine Terrasse.
Der Garten: Im Garten gibt es Bäume Sträucher Blumen und
Spielplätze. Dort kann man Volleyball Basketball und Fußball
spielen.
Die Stadt in der Nähe: Dort kann man einkaufen bummeln und
essen. Ein großes modernes und billiges Spaßbad gibt es auch.
Mein Wunsch: Ich möchte in meinem Urlaubsparadies noch oft
einen langen sonnigen und spannenden Urlaub verbringen.

2 Ergänze die Sätze durch Aufzählungen.
Du kannst die Nomen, Verben oder Adjektive vom Rand verwenden.
Denke an die Kommas.

Schulalltag

Heute stehen die Fächer _____

_____

auf meinem Stundenplan.

Manchmal ist der Unterricht _____

_____ .

In den Pausen _____

_____

wir auf dem Schulhof.

Vor einer Klassenarbeit sind manche Schüler _____

_____ .

Sport	lustig
Musik	interessant
Deutsch	langweilig
Englisch	spannend

bummeln
laufen
rennen
sitzen
essen
trinken

nervös
ängstlich
zappelig
still
konzentriert

Bilde drei eigene Sätze mit Aufzählungen:
Einen Satz mit Nomen, einen mit Verben und einen mit Adjektiven.

_____

_____

_____

_____

_____

_____

Anreden und **Ausrufe** werden durch ein **Komma** vom folgenden Satz getrennt.
Leise flüsterte Jan: „**Maria,** ich mag dich."
Anrede

Der Junge auf dem Baum rief: „**Hilfe,** ich komme nicht wieder runter!"
Ausruf

---

4 Setze die fehlenden Kommas zwischen Satz und Anrede oder Ausruf.
Tipp: Manchmal musst du das Komma vor die Anrede stellen.

Begeistert sagte sein Freund: „Toll dass du endlich da bist!"

„Das Essen ist fertig liebe Gäste", verkündete die Gastgeberin.

Ihr Vater rief: „Vorsicht da kommt ein Auto!"

Jan bettelte: „Vater ich möchte mehr Taschengeld."

„Aua du hast mich verletzt!", klagte seine Schwester.

Freudestrahlend meinte die Tante: „Dein Besuch freut mich sehr Marie.

Toll dass du meiner Einladung so schnell Folge leistest."

Z 5 **a.** Ergänze in den folgenden Sätzen Anreden oder Ausrufe.
Denke an die Kommas.
b. Setze auch alle weiteren Satzzeichen, die fehlen.

Die Dame rief ihren Hund: _____ komm sofort hierher

_____ ich freu mich, dass Sie heute Abend hier sind

begrüßte der Klassenlehrer die anwesenden Mütter und Väter.

_____ das Wasser ist zu heiß schrie Lena

ihre Schwester an, die ihr die Haare wusch.

Ein Mann rief dem Radfahrer zu: _____ Sie haben

etwas verloren!

> Beginnt ein Satz mit **als**, **weil** oder **wenn**, folgt häufig etwas später
> ein **Komma**. Das **Komma** steht **zwischen zwei Verben**.
>
> **Als** ich dich **sah, freute** ich mich sehr.
>   Verb   Verb
>
> **Weil** es schon spät **ist, gehe** ich jetzt nach Hause.
>   Verb   Verb
>
> **Wenn** ich Ferien **habe, schlafe** ich morgens lange.
>   Verb   Verb

➤ Wissenswertes
auf einen Blick,
Seite 95

Der kleine Igel (Teil 1)

Als ich Anfang März zufällig in unseren Garten schaute entdeckte
ich mitten auf dem Rasen einen kleinen Igel. Weil ich neugierig
wurde lief ich hinaus. Als ich in seine Nähe kam rollte er sich
blitzschnell ein. Ich blieb stehen und wartete still. Nach einer

5 Weile lief er munter weiter und begann, irgendetwas zu fressen.
Schnell lief ich ins Haus und holte ein kleines Stück Apfel.
Ich dachte: „Wenn er Hunger hat wird er sich bestimmt darüber
freuen." Als ich wieder in den Garten kam huschte der Igel
gerade durch ein Loch im Zaun in den Nachbargarten. Weil das

10 Apfelstück ja für den Igel gedacht war warf ich es über den Zaun.
Als ich später noch einmal mit meiner Schwester nachschaute
konnten wir keinen Igel mehr entdecken.

6 **a.** Markiere im Text alle Sätze, die mit **als**, **weil** oder **wenn** beginnen.
   b. Schreibe die Sätze in dein Heft und kreise die Konjunktionen ein.
     Ergänze dabei die Kommas.
   c. Markiere in deinem Heft die Verbformen vor und nach dem Komma.

7 Setze die Kommas im Text auf dieser Seite vor Aufgabe 6.

Starthilfe

(Als) ich Anfang März
zufällig in unseren
Garten schaute,
entdeckte ich ...

> Die Wörter **als**, **weil** und **wenn** stehen meist **nach** einem **Komma**,
> wenn sie nicht am Satzanfang stehen.
> Er kam erst an**,** **als** die Feier vorbei war.
> Er kam zu spät**,** **weil** er den Bus verpasst hatte.
> Sie wäre nicht zu spät gekommen**,** **wenn** sie den Bus erwischt hätte.

Z **8** Setze die fehlenden Kommas.

Er kam als Erster ins Ziel weil er die beste Kondition hatte.
Das wäre nicht möglich gewesen wenn er nicht hart trainiert hätte.
Darum war er sehr stolz als er auf dem Siegertreppchen stand.

Z **9** Schreibe jeweils zwei Sätze mit **als**, **weil** und **wenn** in dein Heft:
   – einen Satz mit der Konjunktion am Anfang und
   – einen Satz mit der Konjunktion nach dem Komma.

Das kann ich! – Zeichensetzung

1 **a.** Ergänze die Merksätze.

   b. Schreibe zu jedem Merksatz zwei Beispielsätze auf.

> Die Wörter einer **Aufzählung** _____ man durch _____ voneinander.
>
> Ausnahme: Kein Komma vor _____ oder _____.

/4 Punkte

/2 Punkte

> **Anrede** und _____ werden durch _____ _____ _____
>
> _____ _____ getrennt.

/5 Punkte

/2 Punkte

> Beginnt ein Satz mit **als,** _____ oder _____, _____ häufig _____ später
>
> _____ _____. Das _____ steht _____ _____
>
> _____.

/6 Punkte

/2 Punkte

2 Setze die fehlenden Kommas bei **Anrede** und **Ausruf** und in den **als-, weil-** oder **wenn-Sätzen**.

Tipp: Du musst sieben Kommas setzen.

Achtung: Fehler!

Der kleine Igel (Teil 2)

Am nächsten Morgen fragte ich meine Schwester: „Steffi ob der Igel wohl noch da ist?" Weil wir sehr gespannt waren schlichen wir in den Garten. Weil unser Garten groß ist mussten wir lange suchen. Enttäuscht sagte ich: „Wenn er noch hier ist versteckt er sich wirklich gut." „Weil er gestern schon im Nachbargarten war sollten wir auch da nachschauen", schlug Steffi vor. Ich entgegnete: „Wenn wir Glück haben finden wir ihn dort." „Mensch da ist er!", rief plötzlich leise meine Schwester. Der Igel blieb den ganzen Sommer bei uns.

/7 Punkte

Gesamtpunktzahl: /28 Punkte

Wortart: Nomen

➤ Wissenswertes auf einen Blick, Seite 95

> **Nomen** bezeichnen Lebewesen (Menschen, Tiere, Pflanzen),
> Gegenstände und gedachte oder vorgestellte Dinge.
> **Nomen schreibt man** im Deutschen immer **groß**.
> Vor Nomen steht oft ein bestimmter Artikel (der, das, die)
> oder ein unbestimmter Artikel (ein, ein, eine).

Jan liest nach, was er bei der Kaninchenhaltung beachten muss.

Das Zwergkaninchen als Haustier

Für die neuen Haustiere braucht man einen mindestens 120 cm
langen, 60 cm breiten und 45 cm hohen Käfig. Im Sommer freuen
sich die Kaninchen über ein Freigehege im Garten. Man muss sie
dort aber im Auge behalten: Der Fuchs, der Hund, die Katze und
5 große Vögel sind Feinde des Kaninchens und bedeuten Gefahr.
Wenn es im Haus genug Platz gibt, verbringen die Lieblinge
der Menschen den Winter im beheizten Zimmer. Für den Aufenthalt
auf dem Balkon sind wichtige Tipps zu beachten. Bereits im Frühjahr
müssen sich die Kaninchen daran gewöhnen, draußen zu leben.
10 Nur dann bekommen die Zwergkaninchen ein dickes und weiches
Fell, das sie im Winter warm hält. Ganz wichtig: Kaninchen sollten
dann allerdings auf keinen Fall zwischendurch ins Haus geholt
werden. Kommen sie anschließend draußen an die kalte Luft, können
lebensgefährliche Erkältungen die Folge sein. Bei Anzeichen für eine
15 Krankheit sollte man mit den Kaninchen sofort zum Tierarzt gehen!

1 Markiere Nomen im Singular mit Gelb und Nomen im Plural mit Blau.

Bearbeite die folgenden Aufgaben in deinem Heft.

2 Ordne die Nomen im Singular nach ihren Artikeln.
Schreibe sie mit dem bestimmten Artikel
(der, das, die) in eine Tabelle.

Nomen mit Artikel		
der	das	die
der Käfig	das Zwergkaninchen	die Katze
...	das Haustier	...

Starthilfe

3 a. Ordne alle Nomen im Plural aus dem Text
nach ihren Endungen. Schreibe sie mit Artikel (**die**) in eine Tabelle.
b. Bilde die Pluralformen zu den Nomen aus der Tabelle zu Aufgabe 2.
Ordne sie nach ihren Endungen in die neue Tabelle ein.
c. Markiere die Endungen aller Pluralformen in deiner Tabelle.

Nomen im Plural mit verschiedenen Endungen				
Pluralendung -e	Pluralendung -(e)n	Pluralendung -er	Pluralendung -s	keine Pluralendung
die Haustiere	...	...	...	...
...				

Starthilfe

Bearbeite die Aufgaben auf dieser Seite in deinem Heft.

> Mit **Nomen**, **Verben** und **Adjektiven** kannst du neue **Nomen** bilden.
> die Welt + das Klima = das Weltklima
> überhol(en) + die Spur = die Überholspur
> grün + der Specht = der Grünspecht
> Der **Artikel** des zusammengesetzten Nomens richtet sich
> nach dem letzten Bestandteil (Grundwort).

➤ mehr zusammengesetzte Nomen auf den Seiten 39–40

4 Bilde möglichst viele zusammengesetzte Nomen mit **Tier**.
Schreibe sie mit den bestimmten Artikeln in dein Heft.

Starthilfe

Zusammengesetzte Nomen
das Haus + das Tier = das Haustier

wild
faul
der Halter   die Last
das Haus   der Käfig   der Freund
das Gehege
das Tier   die Arbeit
rauben   das Heim   das Buch
kuscheln   säugen   der Arzt
stinken   der Park   die Quälerei
das Futter

Z **5** Bilde zusammengesetzte Nomen aus jeweils **drei** Bestandteilen.
Verwende dabei die Nomen, Verben und Adjektive aus Aufgabe 4.

Starthilfe

Zusammengesetzte Nomen aus drei Bestandteilen
faul + das Tier + das Gehege = das Faultiergehege

Neuer <mark>Wohnraum</mark> für Jans Kaninchen

Nachdem Jan das Kaninchenbuch gelesen hat, weiß er
viel mehr über die Pflege seiner Haustiere. Am nächsten Tag
geht er mit seiner Mutter in eine Zoohandlung und besorgt
einen großen Käfig, in dem seine Kaninchen genug Platz
5 haben. Der Ladenbesitzer empfiehlt ihm, ein kleines
Schlafhäuschen dazuzukaufen, damit die Kaninchen auch
im Winter auf dem Balkon nicht frieren. Sonst bekommen sie
von der Winterluft leicht eine Erkältung. Zu Hause stellt Jan
den Kaninchenkäfig in eine Ecke des Zimmers, legt den Käfigboden
10 mit Heu aus und stellt das Häuschen und das Futterschälchen hinein.
Nun können die Kaninchen einziehen!

Z **6** **a.** Markiere im Text alle zusammengesetzten Nomen.
b. Schreibe die zusammengesetzten Nomen mit Artikeln auf.
Schreibe jeweils ihre einzelnen Bestandteile dazu.

Starthilfe

Zusammengesetzte Nomen
der Wohnraum = wohn(en) + der Raum

Wortart: Adjektiv

Will man Gegenstände, Tiere, Menschen … miteinander vergleichen, kann man **gesteigerte Adjektive** verwenden. Dazu verwendet man die Verbindungswörter **wie + Grundform des Adjektivs** oder **als + Komparativ des Adjektivs.**

Grundform	Komparativ	Superlativ
(so) **groß** (wie)	**größer** (als)	am **größten**

➤ Wissenswertes auf einen Blick, Seite 95

Das Kaninchen
Körpergröße: 35–45 cm groß
Ohren: 6–8 cm lang
kurzes Fell
Hinterbeine: kurz
Gewicht: 1,3–2,2 kg schwer
Höchstalter: 8 Jahre alt
Verbreitung: überall in Europa
nachtaktiv
zutraulich und sehr gesellig
5 bis 7 Würfe mit 5 bis 8 Jungen
bei Geburt nackt und blind

Der Hase
Körpergröße: 40–70 cm groß
Löffel (Ohren): 8–13 cm lang
langes Fell
Hinterbeine: lang
Gewicht: 2,5–6,5 kg schwer
Höchstalter: 12 Jahre alt
Verbreitung: überall auf der Welt
nachtaktiv
scheu und einzelgängerisch
4 Würfe mit 1 bis 5 Jungen
bei Geburt behaart mit
offenen Augen

**Das Zwergkaninchen
(Wildtierart)**
Körpergröße: 22–28 cm klein
Ohren: 4–5 cm lang
mittellanges Fell
Hinterbeine: sehr kurz
Gewicht: 250–450 g leicht
Höchstalter: 9 Jahre alt
Verbreitung: im Nordwesten
der USA
dämmerungs- und nachtaktiv
scheu und einzelgängerisch
bis zu 3 Würfe mit 4 bis 8 Jungen
bei Geburt nackt und blind

1 Markiere in den drei Steckbriefen alle Adjektive.

2 Vergleiche die drei Tiere. Schreibe in dein Heft.
   a. Welche Gemeinsamkeiten haben zwei oder alle drei Tiere? Schreibe drei Sätze mit **so** + **Adjektiv (Grundform)** + **wie**.
   b. Welche Unterschiede gibt es zwischen den drei Tieren? Schreibe zehn Sätze mit **Adjektiv (Komparativ)** + **als**.
   c. Welche Eigenschaft ist bei einem der Tiere besonders ausgeprägt? Schreibe fünf Sätze mit dem **Komparativ** und dem **Superlativ**.

> **Starthilfe**
> **Gemeinsamkeiten**
> Kaninchen sind so nachtaktiv wie …

> **Starthilfe**
> **Unterschiede**
> Kaninchen sind kleiner als …

> **Starthilfe**
> **Sätze mit Komparativ und Superlativ**
> Kaninchen sind kleiner als Hasen, aber Zwergkaninchen sind am kleinsten.

Adjektive kannst du auch steigern, indem du sie mit einem Nomen zusammensetzt.

Z **3** **a.** Setze die Adjektive vom Rand mit passenden Nomen zusammen.
   b. Schreibe mit den neuen Adjektiven Sätze auf.

> **Starthilfe**
> **Zusammengesetzte Adjektive**
> das Messer + scharf = messerscharf
> Sie hat einen messerscharfen Verstand …

> ~~scharf,~~
> schnell,
> leicht,
> schwer,
> süß

Die vier Fälle

Nomen und Wortgruppen mit Nomen können in **verschiedenen Fällen** (Kasus) stehen.
Man kann nach dem Fall, in dem ein Nomen steht, fragen. Im Deutschen gibt es vier Fälle:

Fälle	Fragen	
Nominativ (1. Fall)	**Wer oder was?**	**Das Meerschweinchen** ist klein.
Genitiv (2. Fall)	**Wessen?**	Das Fell **des Hundes** ist weich.
Dativ (3. Fall)	**Wem?**	**Der Katze** gebe ich Futter.
Akkusativ (4. Fall)	**Wen oder was?**	Ich nehme **den Hund** mit.

So würde ich meine Wunschtiere behandeln

Ich hätte gerne einen Esel, ein Pferd und eine Katze und stelle mir
vor: Der Esel hört so gut wie nie, wenn ich ihn rufe. Nur wenn ich
dem Esel Futter gebe, hört er. Das Fell des Esels ist natürlich grau
oder braun, aber das Fell des Pferdes soll schwarz sein. Das Pferd
5 darf ich reiten, wenn ich freundlich zu dem Pferd bin. Die Katze
streichele ich gerne – besonders den Schwanz der Katze, weil der
sich dabei so lustig bewegt. Einer Katze gebe ich nur Katzenfutter.
Auch einem Esel oder einem Pferd gebe ich immer das richtige
Futter. Denn der Körper eines Esels, einer Katze oder eines Pferdes
10 braucht jeweils bestimmte Nährstoffe. Übrigens: Nicht nur ein Pferd,
sondern auch eine Katze und ein Esel müssen Auslauf haben.
Ich mag meine Wunschtiere alle drei: den Esel, die Katze und
das Pferd, aber mein Herz gehört der Katze.

1 **a.** Markiere die blauen Wortgruppen im Nominativ mit Gelb,
im Genitiv mit Rot, im Dativ mit Grün und im Akkusativ mit Blau.
Verwende dazu die W-Fragen aus dem Merkwissen.
b. Ergänze am Rand die bestimmten und die unbestimmten Artikel.
Du findest alle Formen der Artikel im Text.

2 Welche zwei Nomen haben in einem Fall eine besondere Endung?
a. Markiere diese besondere Endung am Rand viermal.
b. Ergänze die beiden folgenden Sätze zum Genitiv.

Im Genitiv haben männliche und sächliche Nomen im Singular

die Endungen _____ und _____ . Vor den männlichen und sächlichen

Nomen im Genitiv können die Artikel _____ oder **eines** stehen.

Z **3** **a.** Welche Endung haben die Artikel bei männlichen
und sächlichen Nomen im Dativ? Markiere viermal
den letzten Buchstaben der Artikel.
b. Schreibe einen eigenen Merksatz zum Dativ in dein Heft.

Z **4** Jeweils zwei Fälle sind bei weiblichen Nomen gleich.
Erkläre in zwei Sätzen, welche Fälle gleich sind.

Nominativ

der Esel, _____ Esel

das Pferd, _____ Pferd

die Katze, _____ Katze

Genitiv

des Esels, _____ Esels

_____ Pferdes, _____ Pferdes

_____ Katze, _____ Katze

Dativ

dem Esel, _____ Esel

_____ Pferd, _____ Pferd

_____ Katze, _____ Katze

Akkusativ

_____ Esel, *einen* Esel

_____ Pferd, _____ Pferd

_____ Katze, _____ Katze

Starthilfe
Den Dativ am Artikel erkennen
Endet der Artikel mit dem Buchstaben
…

Starthilfe
Die Fälle bei weiblichen Nomen
Nominativ und …

Auch Adjektive verändern sich in den vier Fällen.

A Er ruft <mark>den störrischen Esel</mark>. <mark>Der störrische Esel</mark> hört nicht.
Er gibt <mark>dem störrischen Esel</mark> Futter. Das Fell <mark>des störrischen Esels</mark>
ist grau. Er reitet **das kräftige Pferd**. **Das kräftige Pferd** galoppiert.
Der Schweif **des kräftigen Pferdes** ist schwarz. Er gibt **dem kräftigen**
5 **Pferd** einen Apfel. Sie streichelt **die niedliche Katze**. **Die niedliche**
Katze genießt. Sie gibt **der niedlichen Katze** Katzenfutter.
Der Schwanz **der niedlichen Katze** ist lang.

B Ich hätte gerne **einen störrischen Esel**, **ein kräftiges Pferd** oder
eine niedliche Katze. **Einem störrischen Esel**, **einer niedlichen Katze**
10 oder **einem kräftigen Pferd** würde ich Futter geben. **Eine niedliche**
Katze, <mark>ein störrischer Esel</mark> und **ein kräftiges Pferd** müssen Auslauf
haben. Denn der Körper **eines störrischen Esels**, **einer niedlichen**
Katze oder **eines kräftigen Pferdes** braucht viel Bewegung.

5 Markiere die blauen Wortgruppen im Nominativ mit <mark>Gelb</mark>,
im Genitiv mit <mark>Rot</mark>, im Dativ mit <mark>Grün</mark> und im Akkusativ mit <mark>Blau</mark>.
Tipp: Achte auf die Artikel und wende die W-Fragen von Seite 63 an.

6 **a.** Ordne die Wortgruppen aus dem Text in die Tabelle.
b. Markiere die Endungen der Adjektive.
c. Vergleiche die Adjektive in den beiden Spalten der Tabelle.
Kreise die Endungen ein, wenn sie sich im gleichen Fall unterscheiden.

Männlich	**Bestimmter Artikel**	**Unbestimmter Artikel**
Nominativ	*der störrisch(e) Esel*	*ein störrisch(er) Esel*
Genitiv	*des störrischen Esels*	
Dativ	*dem störrischen Esel*	
Akkusativ	*den störrischen Esel*	
Sächlich	**Bestimmter Artikel**	**Unbestimmter Artikel**
Nominativ		
Genitiv		
Dativ		
Akkusativ		
Weiblich	**Bestimmter Artikel**	**Unbestimmter Artikel**
Nominativ		
Genitiv		
Dativ		
Akkusativ		

Es gibt auch Wortgruppen mit Adjektiven ohne Artikel.

Flüssiger Brei lässt sich gut verfüttern. **Frisches Wasser** sollte immer zur Verfügung stehen. **Harte Nahrung** ist wichtig für die Zähne. Der Wassergehalt **harter Nahrung** kann weniger als 50 % betragen. Der Wassergehalt **flüssigen Breis** beträgt über 50 %. Der Wassergehalt **frischen Wassers** liegt bei fast 100 %. **Fester Nahrung** kann man **frisches Gemüse** beimischen. **Flüssigem Brei** kann man Getreide beimischen. **Frischem Wasser** mischt man gar nichts bei. Wir verfüttern zu 60 % **harte Nahrung** und zu 40 % **flüssigen Brei**. Eine Trinkvorrichtung gibt immer **frisches Wasser**.

Z 7 **a.** Markiere die blauen Wortgruppen im Nominativ mit Gelb, im Genitiv mit Rot, im Dativ mit Grün und im Akkusativ mit Blau.
b. Ordne die Wortgruppen in eine Tabelle im Heft.
c. Markiere die Endungen der Adjektive.
d. Vergleiche die Endungen der Adjektive mit denen in der Tabelle aus Aufgabe 6.

Starthilfe

Adjektiv und Nomen ohne Artikel			
	männlich	sächlich	weiblich
Nominativ	flüssiger Brei	frisches Wasser	harte Nahrung
...	...	...	...

Die vier Fälle gibt es auch im Plural.

Die braven Esel beobachteten misstrauisch **die struppigen Katzen**, die die Mäuse jagten. Die Mäuse versteckten sich bei **den weißen Pferden**. **Die weißen Pferde** weideten auf den weiten Wiesen. Die Disteln ließen sie stehen, denn Disteln waren ein Leckerbissen **der braven Esel**. Und die leckeren Mäuse gehörten eigentlich **den struppigen Katzen**. **Die struppigen Katzen** probierten von allen Seiten, zwischen den Hufen **der weißen Pferde** an ihre Beute zu kommen, ohne **die weißen Pferde** und **die braven Esel** zu stören. Der hungrige Blick **der struppigen Katzen** entging **den braven Eseln** aber nicht und darum halfen sie den Mäusen.

Z 8 **a.** Markiere die blauen Wortgruppen im Nominativ mit Gelb, im Genitiv mit Rot, im Dativ mit Grün und im Akkusativ mit Blau.
b. Ordne die markierten Wortgruppen nach ihren Fällen in eine Tabelle.
c. Markiere in der Tabelle die Artikel und die Endungen der Adjektive und Nomen.

Starthilfe

Bestimmter Artikel, Adjektiv und Nomen im Plural			
	männlich	sächlich	weiblich
Nominativ	die braven Esel	die weißen Pferde	...
...	...	...	...

Auch Possessivpronomen stehen vor Nomen in den vier Fällen.

➤ mehr zu Possessivpronomen auf den Seiten 78–79

Der Käfig **meines Meerschweinchens** steht in **meinem Zimmer** an einem ruhigen Platz. Denn in **seinem Käfig** soll **mein Meerschweinchen** **seine Ruhe** haben. Ich muss **mein Meerschweinchen** abwechslungsreich füttern und ihm Nagematerial für **seine Zähne** bieten.

Z 9 **a.** Markiere die blauen Wortgruppen im Nominativ mit Gelb, im Genitiv mit Rot, im Dativ mit Grün und im Akkusativ mit Blau.
b. Unterstreiche die Endungen der Possessivpronomen.

Vier Tiere für alle Fälle

1 **a.** Lies den ersten Absatz des Textes bis Zeile 13.
b. Bestimme den Fall jeder blauen Wortgruppe.
Schreibe ihn dahinter in die Klammern.

Die Bremer Stadtmusikanten – Teil 1

1 Ein alter Esel (_Nominativ_), der von **seinem Müller** (_____)

nicht mehr zur Arbeit gebraucht werden konnte, kam auf **die Idee**

(_____), nach Bremen zu gehen und dort **lustige Musik**

(_____) zu machen. Unterwegs traf er **einen Hund**

5 (_____), der **sein Schicksal** (_____) teilte.

Zu zweit machten sie sich auf **den Weg** (_____). Bald darauf

gesellte sich **eine Katze** (_____), die **keine Mäuse**

(_____) mehr fangen konnte, zu ihnen. Die Tiere kamen

an **einem Hof** (_____) vorbei, auf dem **ein Hahn**

10 (_____) krähte, denn er sollte am Abend im Suppentopf

landen. Er schloss sich den dreien an und sie gingen zusammen weiter,

bis sie bei Anbruch **der Dunkelheit** (_____) an **einen Wald**

(_____) kamen, wo sie übernachten wollten.

2 Da sahen _die vier Bremer Stadtmusikanten_ (Nominativ) in

15 _____ (Dativ) ein Licht. Sie folgten _____ (Dativ),

bis sie vor _____ (Dativ) standen. Der Esel schaute durch

_____ (Akkusativ) und erblickte

_____ (Akkusativ), an dem

_____ (Nominativ) speisten. Das Wasser lief

20 _____ (Dativ) im Mund zusammen.

Sie beschlossen, _____ (Akkusativ) zu vertreiben. ...

~~die vier Bremer~~
~~Stadtmusikanten,~~
die Ferne,
das Licht,
ein Haus,
das erleuchtete Fenster,
ein gedeckter Tisch,
Räuber,
die vier Bremer
Stadtmusikanten,
die Räuber

2 Ergänze ab Zeile 14 Wortgruppen vom Rand im passenden Fall.

Z **3** Gestalte den Text anschaulicher. Füge vor mindestens 15 Nomen
passende Adjektive ein. Schreibe in dein Heft.

fremd, müde, wütend,
fett, betagt, schläfrig,
traurig, verzweifelt,
hell, gut gelaunt, weit

Starthilfe

Die Bremer Stadtmusikanten
Ein alter, grauer Esel ...

Das kann ich! – Die vier Fälle

1 Mit welchen Fragen kannst du die vier Fälle bestimmen?
Schreibe hinter jeden Fall die richtige Frage.

Nominativ: _____ oder _____ ? Genitiv: _____ ?

Dativ: _____ ? Akkusativ: _____ oder _____ ?

2 Ergänze bis Zeile 27 Wortgruppen vom Rand im passenden Fall.

Die Bremer Stadtmusikanten – Teil 2

… Der Esel stellte sich mit _____ (Dativ)

an _____ (Akkusativ), der Hund sprang

_____ (Dativ) auf _____

(Akkusativ), die Katze kletterte auf _____

(Akkusativ) und der Hahn setzte sich _____

(Dativ) auf _____ (Akkusativ).

> die Vorderfüße,
> das Fensterbrett,
> der Esel,
> der Rücken,
> der Hund,
> die Katze,
> der Kopf

Nun fingen alle an, **ihre Musik** (_____) zu machen,

und stürzten durch **das Fenster** (_____) in **die Stube**

(_____). Die Räuber flohen vor Angst **in den Wald**

(_____). **Die vier Bremer Stadtmusikanten** (_____)

aber aßen und tranken nach Herzenslust von den Vorräten

der Räuber (_____). Um Mitternacht kam **ein Räuber**

(_____) zurück. Als er **ein Licht** (_____)

anzünden wollte, sprang **dem Räuber** (_____) die Katze

auf den Kopf, biss ihm der Hund ins Bein, gab ihm der Esel **einen Tritt**

(_____) und schrie der Hahn. Von da an trauten sich

die Räuber nie wieder in ihr Haus. Die vier Bremer Stadtmusikanten

lebten glücklich und zufrieden bis an ihr Lebensende.

(Zeilennummern: 25, 30, 35)

3 Bestimme den Fall der grünen Wortgruppen ab Zeile 28.
Schreibe den Fall jeweils in die Klammern dahinter.

4 Überarbeite den Text in deinem Heft.
Gestalte den letzten Absatz besonders anschaulich.
Füge dabei vor mindestens sieben verschiedenen Nomen
Adjektive ein. Einige Adjektive findest du am Rand.

> schläfrig, fremd, unerschrocken,
> eingeschüchtert, wütend, entsetzt

Gesamtpunktzahl:

Wortart: Verb

Zeitformen der Verben: Präteritum

> Wenn man **schriftlich** über etwas berichtet oder erzählt,
> was schon vergangen ist, verwendet man das **Präteritum**.
> Viele Verben bilden das **Präteritum** mit folgenden **Endungen**.
> spielen – ich spiel**te**, du spiel**test**, er/sie/es spiel**te**,
> wir spiel**ten**, ihr spiel**tet**, sie spiel**ten**
> Diese Verben nennt man auch **schwache Verben**.

➤ Wissenswertes auf einen Blick, Seite 96

1 Ergänze im folgenden Bericht die Verben vom Rand im Präteritum.

~~besuchen~~
spielen
zeigen
machen
erklären
lachen
lernen
fragen
suchen

Mittwoch – dritter Tag der Klassenfahrt

Unsere Klassenfahrt ist wirklich super! Heute Morgen _besuchten_

wir das Naturkunde-Museum. Ein Mitarbeiter _____ uns

viele interessante Dinge und _____ uns, welche Pflanzen

und Tiere an und in der Nordsee leben. Gunnar _____

5 ihn, ob es in der Nordsee auch Krokodile gebe. Da _____

die ganze Klasse! Das Museum war toll! Alle (und besonders Gunnar!)

_____ viel über die Natur an der Nordsee. Danach

_____ wir einen Spaziergang am Strand und

_____ Muscheln. Abends _____ wir

10 noch eine Stunde Tischtennis, bevor wir ins Bett gingen.

> Bei einigen Verben **ändert** sich im Präteritum der **Wortstamm**.
> Diese Verben nennt man auch **starke Verben**: gehen – ging
> Manche Verben haben in der 1. und 3. Person Singular Präteritum **keine Endung**:
> ich ging, er/sie/es ging

2 Ergänze im Text passende Verben vom Rand im Präteritum.

~~schreiben~~
sehen
schweigen
bitten
verraten

Die Klassenarbeit

Gestern _schrieb_ die Klasse 6 b eine Mathearbeit. Dabei

_____ Uwe heimlich auf das Heft seines Nachbarn.

Leise _____ der ihm die Lösung einer Aufgabe.

Plötzlich _____ der Mathelehrer laut um Ruhe.

Da _____ die beiden natürlich sofort!

3 **a.** Markiere bei den Verben **spielen** und **gehen** die Endungen.
 b. Ergänze die Präteritumformen für **fragen** und **schreiben**.
 c. Ergänze selbst jeweils ein weiteres Verb mit Präteritumformen.
 d. Markiere bei allen Verbformen in der Tabelle die Endungen.

Schwache Verben			Starke Verben		
	spielen	fragen	_____	gehen	schreiben	_____
ich	spielte	*fragte* _____	_____	ging	*schrieb* _____	_____
du	spieltest	_____	_____	gingst	_____	_____
er, sie, es	spielte	_____	_____	ging	_____	_____
wir	spielten	_____	_____	gingen	_____	_____
ihr	spieltet	_____	_____	gingt	_____	_____
sie	spielten	_____	_____	gingen	_____	_____

4 **a.** Konjugiere die Verben vom Rand im Präteritum in deinem Heft.
 b. Markiere die Endungen.

Konjugation im Präteritum
ich kaufte, du kauftest, er ...

kaufen, lernen, machen, kommen, trinken, rufen

5 **a.** Trage die Verben vom Rand in eine Tabelle ein. Schreibe den Infinitiv und die Präteritumform in der 3. Person Singular auf.
 Tipp: Wenn du unsicher bist, schlage das Verb im Wörterbuch nach.
 b. Kreuze an, ob es sich um ein **schwaches** oder **starkes Verb** handelt.
 c. Markiere bei **starken Verben** die Veränderung im Wortstamm.

lesen, rechnen, tanzen, schreiben, sprechen, rutschen, fragen, schneiden, riechen, essen

Verben im Präteritum			
Infinitiv	3. Person Singular Präteritum	schwaches Verb (Wortstamm bleibt gleich)	starkes Verb (Wortstamm ändert sich)
lesen	er las		X
rechnen	er ...	X	

Derya hat einen Bericht über das Klassenfest der 6 b in der falschen Zeitform geschrieben.

Z **6** **a.** Markiere die Verben im Text.
 b. Setze den Text in die passende Zeitform. Schreibe in dein Heft.
 c. Markiere die Verben.

Bericht vom Klassenfest im Präteritum
Gestern feierte die Klasse 6 b ihr Klassenfest. Es ...

Gestern feiert die Klasse 6 b ihr Klassenfest. Es gefällt den Schülern und den Eltern sehr. Die Schüler spielen Theater und eine Schülerband macht Musik. Viele Gäste tanzen. Es gibt Kuchen und Getränke. Auch viele Lehrer kommen. Alle haben viel Spaß. Das Fest dauert von 15:00 bis 18:00 Uhr. Danach räumen alle zusammen auf und gehen erst gegen 19:00 Uhr nach Hause. Das Fest ist ein voller Erfolg!

Zeitformen der Verben: Perfekt

➤ Wissenswertes auf einen Blick, Seite 96

> Wenn man etwas **mündlich** erzählt, was schon vergangen ist, verwendet man meist das **Perfekt**.
> Viele Verben bilden das Perfekt mit **haben**: Marie hat gelacht.
> Einige Verben bilden das Perfekt mit **sein**, vor allem Verben der Bewegung:
> Peter ist gelaufen (gegangen, gerannt, gefallen, gerutscht).

Perfekt mit haben:
ich habe
du hast
er, sie, es hat   gespielt
wir haben
ihr habt
sie haben

1 **a.** Lies den folgenden Text.
b. Markiere die Perfektformen mit Rot, die mit **haben** gebildet werden.
c. Markiere die Perfektformen mit Blau, die mit **sein** gebildet werden.

„Heute ist in der Schule eigentlich nichts Besonderes passiert. In Deutsch hat Frau Werner uns etwas über unsere Klassenfahrt nach Berlin erzählt. Dann sind wir in die Pause gegangen und haben uns darüber unterhalten. Nach der Schule bin ich zu Uwe gelaufen und habe mit ihm ein bisschen Tischtennis gespielt. Später haben wir noch zwei Stunden für die Mathearbeit gelernt. Auf dem Heimweg habe ich Bettina getroffen und wir haben zusammen ein Eis gegessen. Als ich auf die Uhr geguckt habe, bin ich schnell nach Hause gerannt."

Perfekt mit sein:
ich bin
du bist
er, sie, es ist   gelaufen
wir sind
ihr seid
sie sind

2 Ergänze das Telefongespräch zwischen Marie und Aishe. Verwende dazu Perfektformen der Verben vom Rand. Bilde sie mit den passenden Formen von haben und sein.

erkälten, sagen, gehen, anstecken, fehlen, verordnen

Ich __habe__ mich schrecklich __erkältet__.

Du Arme! _____ du dich bei jemandem _____ ?

Ja, wahrscheinlich. In meiner Klasse _____ gestern viele _____ . Ich _____ heute gleich zum Arzt _____ .

Was _____ der Arzt denn _____ ?

Er _____ mir Medizin und drei Tage Bettruhe _____ .

Z 3 Sortiere die Perfektformen aus den Aufgaben 1 und 2 in eine Tabelle. Ergänze jeweils den Infinitiv.

Starthilfe

Perfekt mit „haben"		Perfekt mit „sein"	
Infinitiv	Perfekt	Infinitiv	Perfekt
erzählen	sie hat erzählt	passieren	es ist passiert

Zeitformen der Verben: Futur

> Wenn man über Tätigkeiten oder Vorgänge spricht,
> die in der Zukunft liegen, die also noch nicht geschehen sind,
> verwendet man oft das **Futur**.
> **Wir werden nächste Woche verreisen.**
> Präsensform von werden + Infinitiv (Grundform)

➤ Wissenswertes auf einen Blick, Seite 96

1 Markiere alle Futurformen (**werden** + Infinitiv) im Text.

Die Lehrerin erzählt den Eltern von der geplanten Klassenfahrt:
„Nächste Woche werde ich mit der Klasse nach Amrum fahren.
Wir werden zehn Tage auf dieser schönen Nordseeinsel sein.
Ein Bus wird uns am Montag von der Schule abholen. Er wird
uns zum Fährhafen Niebüll fahren. Die Schüler werden die Fahrt
mit der Fähre sicher genießen! Nach zwei Stunden werden wir
wieder an Land gehen. In der Jugendherberge werden alle zuerst
ihre Betten beziehen und etwas Freizeit haben. Dann wird es auch
schon Abendbrot geben.Danach werden wir noch gemeinsam
zum Strand laufen.“

2 Ergänze die fehlenden Formen von **werden**.

ich _werde_____ lernen

du _____ gehen

er/sie/es _____ laufen

wir _____siegen

ihr _____ sein

sie _____ haben

3 Ergänze im Text Formen von **werden** und passende Infinitive vom Rand.

Kevin und Philip träumen von nächtlichen Abenteuern:

„Wir ____werden____ nachts zu den Mädchen ins Zimmer ___schleichen___.

Dann _____ wir uns Lampen unters Kinn _____.“

„Die _____ große Angst _____! _____ du

deine Draculamaske _____?“ „Die _____ wohl

nicht auch noch in meinen Koffer _____.“ „Dann _____

wir uns eben mit Bettlaken als Gespenster _____.“

„Melanie _____ bestimmt am lautesten _____!“

~~schleichen~~
mitnehmen
bekommen
passen
halten
verkleiden
kreischen

Perfekt, Präteritum, Präsens oder Futur?

1 **a.** Lies den folgenden Text.
b. Markiere alle Präteritumformen mit Rot.
c. Markiere alle Perfektformen mit Grün.
d. Markiere Präsensformen mit Blau.
e. Markiere Futurformen mit Gelb.

Beim Abendbrot

Die Zwillinge saßen mit den Eltern gemütlich beim Abendbrot
und antworteten auf die immer gleiche elterliche Frage: „Was habt
ihr heute erlebt?" Olga erzählte: „Unsere Klasse hat ein Klassenfest
veranstaltet" und betonte: „Dafür habe ich doch gestern den Kuchen
5   gebacken." Kevin ergänzte: „Frau Rudolf hat mit mir die Getränke
besorgt" und erzählte begeistert: „Auch die anderen Lehrer sind
gekommen und haben geholfen. Herr Gras ist sogar schnell noch
zum Supermarkt gefahren und hat Pappteller gekauft."
„Und was habt ihr auf dem Fest alles gemacht?", fragte der Vater.
10 „Wir haben viel gespielt und es ist sehr lustig gewesen." Die Mutter
erkundigte sich: „Und habt ihr hinterher aufgeräumt? Oder seid ihr
einfach nach Hause gegangen?" Beide Zwillinge stöhnten: „Natürlich
haben wir Frau Meier geholfen! Was denkst du von uns? Du wirst
uns wohl niemals etwas zutrauen."

Z 2 Ergänze im Text Verben in passenden Zeitformen.

Beim Frühstück

Als es gestern Morgen _____ (klingeln), _____ (rennen)

Olga wie der Blitz an die Tür. „Die Post _____ _____ (kommen)",

_____ (sagen) sie gelangweilt, als sie zurück in die Küche

_____ (kommen). „_____ du jemand anderes _____ (erwarten)?",

_____ (fragen) ihr Bruder und _____ (grinsen).

Olga _____ (werden) rot und _____ (fauchen):

„Das _____ (gehen) dich gar nichts an!"

Z 3 **a.** Markiere die Verben im Interview mit Blau.
b. Schreibe das Interview in der passenden Zeitform in dein Heft.

> **Starthilfe**
> Derya: „Was habt ihr ...

Derya: „Was führt ihr gestern auf?"
Peter: „Wir spielen einen Sketch vor und singen einige Lieder."
Derya: „Wie gefällt es den Eltern?"
Peter: „Alle amüsieren sich gut, die Eltern und die Lehrer."

Achtung: Fehler!

Das kann ich! – Zeitformen der Verben

1 Ergänze passende **Präteritumformen** der Verben vom Rand.

Viele Gäste _____ das Klassenfest der Klasse 6 b.

Das Programm war toll: Die Klasse _____ Theater und

eine Schülerband _____ Musik. Nach den Aufführungen

_____ alle Kuchen und _____ Cola oder Saft.

Gegen Abend _____ dann alle fröhlich nach Hause.

| gehen |
| besuchen |
| spielen |
| essen |
| trinken |
| machen |

/6 Punkte

2 Ergänze passende Formen von **haben** oder **sein**.

Kerstin erzählt: „Am besten _____ den Eltern die Aufführung

gefallen. Aber mittendrin _____ Herr Gras, unser Biologielehrer,

plötzlich laut gegähnt." – „Aber er _____ doch nicht etwa

eingeschlafen, oder?" – „Doch, aber nur kurz. Uli und Svenja

_____ zu ihm gegangen und _____ ihn geweckt.

Da _____ er natürlich sofort aufgewacht und sehr rot geworden!"

/6 Punkte

3 Ergänze **haben** oder **sein** und die **Perfektformen** der Verben
vom Rand.

„Aber niemand ist ihm böse gewesen – alle _____ nur

_____. Später _____ Herr Gras dann sogar selbst auf

die Bühne _____ und _____ ein Lied _____."

| kommen |
| vorsingen |
| lachen |

/6 Punkte

4 Markiere alle Futurformen (**werden** + Infinitiv) im Text.

Die Lehrerin überlegt: „Ich hoffe, Kevin, Jorma und Philip werden sich
während der Reise ordentlich verhalten! Die Schifffahrt wird allen
gefallen. Während der Fahrt werden wir an Deck in der Sonne sitzen.
Die Schüler werden ihre Brote essen. Vielleicht werden manche auch
die Möwen füttern. Hoffentlich wird niemand über Bord fallen!"

/12 Punkte

5 Markiere Präsensformen blau, Präteritumformen rot,
Perfektformen grün und Futurformen gelb.

Auf dem Klassenfest hatten alle viel Spaß. Nur der Biologielehrer
verschlief das Unterhaltungsprogramm. Als zwei Schüler ihn
weckten, erschrak er sehr und rief: „Wo bin ich? Was ist passiert?"
Uli schimpfte: „Aber Herr Gras, Sie passen ja gar nicht auf!
Sie sind einfach eingeschlafen!" Da wurde Herr Gras sehr rot und
entschuldigte sich. Später sang er dann allen noch ein Lied vor.
Davon werden wir noch lange erzählen.

/14 Punkte

Gesamtpunktzahl: /44 Punkte

Trennbare Verben

Manche Verben sind **trennbar**:

aufmachen = auf + machen

Wenn man trennbare Verben **im Satz** verwendet,
können sie **auseinanderstehen**.

Marie **macht** die Tür **auf**.

Ein Teil des Verbs steht dann meist am Ende des Satzes.

1 **a.** Finde die getrennten Verben und markiere ihre Teile.
b. Verbinde die beiden Teile der Verben mit einer Linie.
c. Schreibe den Infinitiv der Verben rechts neben jeden Satz.

Ihre Mutter meldet Marie zur Sprechstunde bei Dr. Heilmann an.   _anmelden_ _____

Marie fährt mit dem Bus hin.   _____

Sie zeigt am Empfang ihre Chipkarte vor.   _____

Bald ruft die Arzthelferin sie herein.   _____

2 Was passiert auf den Bildern? Schreibe zu jedem Bild einen Satz.
Verwende dabei die Verben vom Rand.

rufen
aufrufen
anrufen

Mama!

Marie _____

_____

Ihre Mutter _____

_____

Die Arzthelferin _____

_____

Marie Bader, bitte!

3 Ergänze die Verben vom Rand in der passenden Form.

~~ansehen~~
wiederkommen
aufschreiben
ausfragen

Dr. Heilmann _sieht_ Marie genau _an_ und _____ sie über ihre

Beschwerden _____. Dann _____ er ihr ein Medikament _____.

Zuletzt sagt er: „Marie, bitte _____ in einer Woche _____."

4 **a.** Bilde trennbare Verben mit **gehen**. Schreibe in dein Heft.

b. Schreibe mit jedem Verb einen sinnvollen Satz.

c. Markiere die Teile der trennbaren Verben in deinen Sätzen.

>
> **Trennbare Verben mit „gehen"**
> losgehen – Wir gehen jeden Morgen um 7:00 Uhr los.

> vor-
> los- hin-
> mit-
> unter- **gehen** weiter-
> zurück-
> weg- aus-

Z 5 Bilde möglichst viele trennbare Verben mit den folgenden Infinitiven. Schreibe in dein Heft. Du kannst die Silben aus Aufgabe 4 verwenden.

> fühlen, fahren, laufen, schwimmen, hören, rennen

>
> **Trennbare Verben**
> vorfühlen, mitfühlen, …

Z 6 Streiche alle Verben, die nicht trennbar sind.

> befühlen, anfahren, gehören, ablaufen, verbringen, vorfinden, entlaufen, mitschreiben, erzählen, ausdrücken, zerbrechen

Das kann ich! – Trennbare Verben

Punkte

1 **a.** Markiere jeweils beide Teile von sieben trennbaren Verben.

b. Schreibe die Infinitive der trennbaren Verben unten auf die Linien.

[ ] / 14 Punkte

Die Mutter kehrt heute von einer Fortbildung zurück und ihr Zug kommt bald an. Darum bereitet der Vater ein besonderes Essen zu. Er stellt den Braten nach dem Übergießen zurück in den Ofen und ruft den Kindern zu: „Ihr bereitet bitte den Tisch vor. Ich fahre jetzt los zum Bahnhof!"

_____ _____ _____ _____

_____ _____ _____

2 Ergänze die trennbaren Verben vom Rand.

[ ] / 6 Punkte

Boris hat sich am Knie verletzt und muss zum Arzt. Seine Mutter

_____ ihn mit dem Auto _____. Boris _____ sich

am Empfang _____. Etwas später _____ ihn die Arzthelferin

_____. Der Arzt _____ sich sein Knie genau _____.

Dann _____ er ihm eine Salbe _____.

Natürlich _____ ihn seine Mutter wieder _____.

> aufschreiben
> ansehen
> hinfahren
> abholen
> anmelden
> hineinrufen

Gesamtpunktzahl: [ ] / 20 Punkte

Wortart: Pronomen

Personalpronomen

> **Personalpronomen** kann man für Personen, Lebewesen und Dinge einsetzen. Sie können im **Singular** und im **Plural** stehen. Personalpronomen kommen in verschiedenen **Fällen (Kasus)** vor. Im **Nominativ** erfragt man sie mit der Frage **wer oder was?**, im **Dativ** mit **wem?** und im **Akkusativ** mit **wen oder was?**

➤ Wissenswertes auf einen Blick, Seite 96

Personalpronomen im Singular:

Nominativ	Dativ	Akkusativ
ich	mir	mich
du	dir	dich
sie	ihr	sie
er	ihm	ihn
es	ihm	es

1 **a.** Markiere die Personalpronomen in den Sätzen.

    b. Stelle fest, in welchem Fall die Personalpronomen jeweils stehen. Wende dabei die Fragen aus dem Merkwissen an.

    c. Schreibe die Sätze, die Fragen und die Antworten in dein Heft.

Die Kettenschaltung funktioniert. Sie hat achtzehn Gänge.
Der Fahrradhändler hat sie genau eingestellt.
Ich habe ihm dabei zugeschaut. Der Händler hat es mir erlaubt.
Bei Problemen kann ich ihn jederzeit anrufen.

Starthilfe

Die Kettenschaltung funktioniert.
Sie hat achtzehn Gänge.
Wer oder was hat achtzehn Gänge? – sie (Nominativ)

➤ mehr zur Deklination und zu den Fällen, Seite 63–67

2 **a.** Markiere alle 35 Personalpronomen – im **Nominativ** mit Gelb, im Dativ mit Grün und im Akkusativ mit Blau. Wende dabei die Fragen aus dem Merkwissen an.

    b. Zwölf der Personalpronomen stehen im **Plural**. Kreise sie ein.

Hallo, Lukas,

viele Grüße aus Wewer. Ich hoffe, dass du die Ferien genießt!
Ich habe mir letzte Woche ein neues Fahrrad gekauft. Ich würde es gern mit dir testen. Es hat eine laute Klingel! Die Kettenschaltung funktioniert sehr gut. Sie hat achtzehn Gänge. Der Fahrradhändler
5 hat sie genau eingestellt. Ich habe ihm dabei zugeschaut.
Wann kommst du mich besuchen? Du könntest Adrian mitbringen.
Frage ihn doch bitte, ob er mitkommen will. Wir könnten dann im Garten zelten. Habt ihr Schlafsäcke? Bitte bringt sie mit.
Wenn ihr kommt, hole ich euch am Bahnhof ab.
10 Oma und Opa wollen Adrian und dich mit zum Grillen einladen.
Wenn nichts dazwischenkommt, werde ich ihnen sagen, dass wir am Samstagabend um 18.00 Uhr da sein werden. Opa wird uns dann leckere Würstchen grillen. Sie werden euch bestimmt schmecken.
Opa stellt sie selbst her!
15 Oma hat übrigens eine kleine Überraschung für uns. Ich konnte ihr aber leider nicht entlocken, was das für eine Überraschung ist.
Ich bin gespannt...!

Bis hoffentlich bald Frank

Personalpronomen im Plural:

Nominativ	Dativ	Akkusativ
wir	uns	uns
ihr	euch	euch
sie	ihnen	sie

3 Ordne alle Fälle der Personalpronomen in eine Tabelle in deinem Heft.

Achtung: Bei der 3. Person Singular gibt es jeweils drei Formen.

		Personalpronomen		
		Nominativ (wer oder was?)	Dativ (wem?)	Akkusativ (wen oder was?)
Singular	1. Person	ich	mir	mich
	2. Person	…	…	…
	3. Person	er … …	… ihr …	… … es
Plural	1. Person	wir	uns	uns
	…	…	…	…

Wenn du Nomen nicht ständig wiederholen möchtest,

kannst du Personalpronomen für die Nomen einsetzen.

Z **4** **a.** Markiere die Wiederholungen von Namen und Nomen.

b. Ersetze die Wiederholungen durch Personalpronomen.

Schreibe in dein Heft und markiere die Personalpronomen.

Mit Personalpronomen Nomen ersetzen
Anja und ich gehen ins Kino.
Zuerst kaufen wir die Karten.
…

Anja und ich gehen ins Kino. Zuerst kaufen Anja und ich die Karten.
Dann wird es knapp. Eine Cola können Anja und ich nicht mehr
trinken. Paul hat erzählt, dass Paul ein neues Mountainbike
bekommen hat. Das Fahrrad ist gefedert. Dadurch gleicht das Fahrrad
Schlaglöcher aus. Deshalb ist das Fahrrad auch sehr bequem.

Das kann ich! – Personalpronomen

Punkte

1 Ergänze den Merksatz.

/3 Punkte

Personalpronomen kann man für _____, _____

und _____ einsetzen.

2 Kreuze bei A und B den jeweils richtigen Satz an.

/2 Punkte

A ☐ Personalpronomen gibt es im Singular und im Plural.
☐ Personalpronomen gibt es nur im Singular.

B ☐ Personalpronomen kommen nur im Nominativ vor.
☐ Personalpronomen kommen im Nominativ, Dativ oder Akkusativ vor.

3 Markiere die Personalpronomen im Singular. Kreise sie im Plural ein.

/13 Punkte

Ich gab ihm die Nummer von ihr. Sie fand es gut, dass er sie anrief.
Wir freuten uns mit ihnen, dass sie in Kontakt kamen. Kennen sie euch?

4 **a.** Markiere die Personalpronomen.

/4 Punkte

b. Schreibe dahinter, in welchem Fall das Personalpronomen steht.

Corinna hofft, dass der Lehrer sie für die Mathearbeit lobt. _____

Mareike hat ihr beim Lernen geholfen. _____

Gesamtpunktzahl: /22 Punkte

Possessivpronomen

Possessivpronomen zeigen an, wem etwas gehört.
Sie können im **Singular** oder im **Plural** stehen.
Sein Hund bellt. – Seine Hunde bellen.
Ihr Pferd wiehert. – Ihre Pferde wiehern.

➤ Wissenswertes auf einen Blick, Seite 96

1 Ergänze passende Possessivpronomen.

Peter spielt gern Fußball. Das ist _____ Hobby.

Uta geht gern ins Kino. Das ist _____ Hobby.

Karin und Ali spielen gern Handball und Volleyball. Das sind

_____ Hobbys.

Aishe fragt Kevin: „Was ist _____ Hobby?"

Kevin antwortet: „_____ Hobby ist das Skilaufen."

Julian fragt David und Oliver: „Und was sind _____ Hobbys?"

Sie antworten: „_____ Hobbys sind Hockey und Tennis."

mein/meine
dein/deine
sein/seine
ihr/ihre
sein/seine
unser/unsere
euer/eure
ihr/ihre

2 **a.** Schreibe mit der Satzschalttafel möglichst viele Fragen in dein Heft.
b. Markiere die Possessivpronomen in deinen Fragen.

Wo ist	mein, meine	Etui, Etuis	
Wo sind	dein, deine	Plakat, Plakate	
	sein, seine	Bleistift, Bleistifte	?
Ist das	ihr, ihre	Füller	
	unser, unsere	Schultasche, Schultaschen	
Sind das	euer, eure	Lehrerin, Lehrerinnen	

Starthilfe

Possessivpronomen
Wo ist mein Etui?
Sind das eure Pausen-
brote?
…

3 **a.** Markiere in den Sätzen die Personalpronomen.
b. Umschreibe die Sätze daneben mit passenden Possessivpronomen.

Das Auto gehört uns.   *Es ist unser Auto.* _____

Diese Idee hatte sie.   _____

Der Füller gehört mir.   _____

Der Brief ist für dich.   _____

Den Ärger habt ihr.   _____

Das Rad gehört ihm.   _____

Das Geschenk ist für euch. _____

> Wenn du nach einer Wortgruppe mit einem Possessivpronomen mit **Wen oder was?** oder **Wem?** fragen kannst, kann sich die **Endung** des Possessivpronomens **ändern**. Sein Hund bellt. Er hört seinen Hund bellen. Er gibt seinem Hund Futter.

4
a. Lies den Zungenbrecher möglichst einmal laut.
b. Markiere **mein** und **dein** blau.
c. Markiere andere Formen dieser Possessivpronomen grün.
d. Schreibe den Zungenbrecher in dein Heft.
   Ersetze dabei **mein** und **dein** durch **unser** und **euer**.
   Weitere Formen findest du am Rand.

> **Starthilfe**
> **Zungenbrecher**
> Wenn unser Dackel …

unserem
eurem

Zungenbrecher

Wenn dein Dackel meinem Dackel eine dackelt,
dann dackelt mein Dackel deinem Dackel so eine,
dass dein Dackel nicht mehr dackeln kann.

Z **5** Markiere die Possessivpronomen blau und die Personalpronomen gelb.

In unserem letzten Urlaub waren wir an der Nordsee. Ich wollte
meine neue Luftmatratze ausprobieren und lief damit ins Wasser.
Mein Vater rief noch: „Paddel nicht so weit raus, das Ding ist kein
Boot – und du kannst nicht schwimmen!" Leider hörte ich seine Worte
zu spät. Eine hohe Welle warf mich von meiner Matratze ins Wasser.
Gut, dass ich aus Spaß die Schwimmflügel meiner kleinen Schwester
angelegt hatte und ihren Schwimmring ebenfalls.
Mit der nächsten hohen Welle gelang mir so die Flucht an Land.

Das kann ich! – Possessivpronomen

Punkte

1 Ergänze den Merksatz.

> Possessivpronomen zeigen an, _____ _____ _____ .
> Sie können im **Singular** oder im **Plural** stehen.

[ ] /3 Punkte

2 Ergänze die fehlenden Possessivpronomen.

Franzi fragt _____ Freund Nick: „Was ist _____ Lieblingsessen?"

Er antwortet _____ Freundin: „_____ Lieblingsessen ist Pizza."

[ ] /4 Punkte

3 Markiere die Possessivpronomen blau.

Olga ist mit ihren Eltern und ihrem Bruder in eine neue Stadt gezogen.
Ihr Vater hatte seinen Job gewechselt. Olga war traurig, weil sie
ihre Freundinnen nicht verlieren wollte. Aber in ihrer neuen Klasse
fühlte sie sich sofort wohl. Allerdings ist ihre Klassenlehrerin etwas
streng. Sie fragt jeden Tag: „Olga, hast du deine Aufgaben gemacht?"
Ihr Bruder ist sehr unzufrieden. Er vermisst seine alten Freunde.

[ ] / 10 Punkte

Gesamtpunktzahl: [ ] /17 Punkte

Der Satz: Satzglieder

Satzglieder umstellen

> Mit der **Umstellprobe** kannst du Satzglieder ermitteln.
> Ein **Satzglied** kann aus einem Wort oder aus mehreren Wörtern bestehen.
> Die Wörter eines Satzglieds kann man nur gemeinsam umstellen.
> Die wichtigsten Satzglieder sind:
>
> **Subjekt** **Prädikat** **Objekt**

➤ Wissenswertes auf einen Blick, Seite 96

1 **a.** Bilde durch Umstellen einen zweiten Aussagesatz und einen Fragesatz.
b. Trenne die Satzglieder durch senkrechte Striche voneinander ab.
c. Kennzeichne die Subjekte, Prädikate und Objekte mit Rahmen.

Tipp: Auf der nächsten Seite erfährst du, wie man Subjekte, Prädikate und Objekte erkennt.

Aussagesatz: Der neue Torwart | hielt | jeden Ball.

Aussagesatz: _____

Fragesatz: _____

2 **a.** Stelle jeden Satz so oft wie möglich um. Schreibe in dein Heft.
b. Trenne die Satzglieder mit Strichen voneinander ab.
c. Kennzeichne die Subjekte, Prädikate und Objekte mit Rahmen.
Achtung: Einmal gibt es zwei Objekte.

Der Jugendtreff bietet den Schülern viele Möglichkeiten.
Der Jugendtreff gehört allen Schülern.
Herr Töpfer organisiert spannende Kickerturniere.

Starthilfe

Umstellprobe
Bietet / der Jugendtreff / … ?
Den Schülern / bietet / …
Bietet / den Schülern / … ?

Durch das Umstellen von Satzgliedern kannst du Texte verbessern.
Wenn du z. B. ein Satzglied an den Anfang stellst, betonst du es.

3 **a.** Markiere alle Subjekte.
Tipp: Wie klingt der Text? Lies den Text laut.
b. Schreibe den Text in dein Heft und stelle dabei die Satzglieder um.
Beginne jeden Satz mit dem hervorgehobenen Satzglied.
c. Markiere nun auch in deinem Heft alle Subjekte.
Tipp: Wie klingt der Text jetzt? Lies den Text noch einmal laut.

Starthilfe

Ben erzählt: „Jeden Mittwoch gehe ich in den Jugendtreff. …

Ben erzählt: „Ich gehe jeden Mittwoch in den Jugendtreff. Ich treffe dort meine Freunde. Ich spiele mit meinen Freunden Tischtennis. Wir kickern auch oft. Wir sprechen nur selten über die Schule. Wir bekommen manchmal Waffeln von Frau Wiesinger. Wir fahren im Winter oft in die Eissporthalle. Wir laufen dort Schlittschuh."

Satzglieder bestimmen

Subjekt und Prädikat

> Subjekt und (Prädikat) sind Satzglieder.
> Mit Wer oder was? fragt man nach dem Subjekt. **Wer** ist nett? **Sarah** ist nett.
> Mit Was tut / tun ...? fragt man nach dem (Prädikat). **Was tun** wir? **Wir** baden im See.

1 Umrahme alle Subjekte so: ▢

Julia und Pia fahren morgens zusammen mit dem Bus zur Schule.

Sie warten an der Bushaltestelle. Zum Glück kommt der Schulbus

meistens pünktlich. Die Freundinnen sitzen oft in der letzten Reihe.

Dort treffen die Mädchen ihre Mitschüler. Die Busfahrt dauert

15 Minuten. Während der Fahrt üben viele Kinder Vokabeln.

Aber heute schreiben die sechsten Klassen keinen Test.

2 Umrahme die Prädikate so: ⬭

Lukas und Ruben (gehen) ins Kino. Tanja kauft Brötchen.

Morgen schreibt die Klasse 6 a einen Test. Wohin rennt Artur?

Akkusativobjekt und Dativobjekt

> Auch Objekte sind Satzglieder.
> Mit Wen oder was? fragt man nach dem Akkusativobjekt.
> **Was** sucht er? Er sucht **den Eingang**.
> Mit Wem? fragt man nach dem Dativobjekt.
> **Wem** gehört das? Das gehört **dem Mädchen**.

3 **a.** Umrahme die Akkusativobjekte und die Dativobjekte so: ▢
b. Markiere die Dativobjekte zusätzlich farbig.

Die Mutter kauft dem Sohn einen bunten Drachen.

Herr Klasing zeigt dem Hausmeister den kaputten Globus.

Ute leiht ihrem Bruder einen Füller.

Pia schreibt der Klasse 6 a eine Ansichtskarte.

Z 4 **a.** Schreibe einen Satz mit Akkusativobjekt **und** Dativobjekt
mit jedem der Verben in dein Heft.
b. Umrahme die Objekte und markiere die Dativobjekte.

schenken geben mitbringen vorlesen beantworten

> **Starthilfe**
> **Sätze mit Akkusativ- und Dativobjekt**
> Ich schenke meiner Freundin den Apfel.

Adverbiale Bestimmungen des Ortes und der Zeit

➤ Wissenswertes auf einen Blick, Seite 96

> **Adverbiale Bestimmungen** sind Satzglieder.
>
> Mit einer **adverbialen Bestimmung** kann man ausdrücken,
>
> **wann** etwas geschieht oder **wo** etwas geschieht.
>
> Am Samstag treffen wir uns im Park.
>
> – Wann treffen wir uns? – am Samstag
>
> – Wo treffen wir uns? – im Park
>
> Nach der adverbialen Bestimmung **der Zeit** fragt man mit **wann?**,
>
> **wie lange?**, **seit wann?** oder **bis wann?**
>
> Nach der adverbialen Bestimmung des Ortes fragt man mit **wo?**,
>
> **woher?** oder **wohin?**

1 **a.** Unterkringele die adverbialen Bestimmungen der Zeit und des Ortes.

   b. Auf welche Frage antwortet die adverbiale Bestimmung?
      Schreibe die passende Frage unter den Satz.

   c. Handelt es sich um eine adverbiale Bestimmung der Zeit oder
      des Ortes? Ergänze in Klammern die richtige Bestimmung.

Am Ende der ersten Stunde warteten viele Schüler auf das Klingeln.

wann? (adverbiale Bestimmung der Zeit)

In der Pause spielten einige Schüler der Klasse 6 a Tischtennis.

_____

Die meisten Schüler kamen mit Bussen aus verschiedenen Orten.

_____

Ein paar Mädchen spielten bis zum Klingeln Tischtennis.

_____

Alle Schüler rannten zum Bus.

_____

Eine Sportstunde dauert 90 Minuten.

_____

Einen Schülerkiosk gibt es seit dem letzten Schuljahr.

_____

Thilo und Maria waren die Ersten an der Bushaltestelle.

_____

Bis zum Winter ist die ganze Schule in den Pausen auf dem Schulhof.

_____

2 a. Ergänze passende adverbiale Bestimmungen vom Rand.
b. Schreibe die passenden Fragewörter darunter.

Am Samstag findet das Schulfest statt.
wann?

_____ bereiten sich alle Klassen darauf vor.

Eine Gruppe gestaltet Plakate _____ .

Der Auftritt der Musik-AG soll _____ dauern.

Die mitgebrachten Kuchen werden _____ gestellt.

Einige Schüler holen Tische und Stühle für die Gäste _____ .

_____ muss alles fertig sein.

Ein Satz kann auch mehrere adverbiale Bestimmungen enthalten.
Bearbeite die folgenden zwei Aufgaben in deinem Heft.

3 a. Unterkringele alle adverbialen Bestimmungen
  in den folgenden Sätzen.
b. Frage nach den adverbialen Bestimmungen.
  Markiere die Fragewörter.
c. Beantworte die Fragen
  mit den adverbialen Bestimmungen.
  Unterkringele die adverbialen Bestimmungen.

> **Starthilfe**
> **Nach adverbialen Bestimmungen fragen**
> Wann standen viele Eltern vor dem Schulgebäude?
> – nach Unterrichtsschluss
> Wo standen die Eltern? – vor dem Schulgebäude ...

Nach Unterrichtsschluss standen viele Eltern vor dem Schulgebäude.

Seit letzter Woche gibt es am Schülerkiosk belegte Brötchen.

Am Freitag fahren wir nach Paderborn.

Bis Montag dürfen wir nicht in die Turnhalle gehen.

Z 4 a. Schreibe eigene Beispielsätze mit zwei adverbialen Bestimmungen:
  eine adverbiale Bestimmung der Zeit und eine des Orts.
  Verwende dabei alle Fragewörter vom Rand.
b. Unterkringel die adverbialen Bestimmungen in deinen Sätzen.

> **Starthilfe**
> **Eigene Sätze mit zwei adverbialen Bestimmungen**
> Wann? Wo? – Der Unterricht beginnt um 8:00 Uhr in Raum 123. ...

Wann?
Wie lange?
Seit wann?
Bis wann?
Wo?
Woher?
Wohin?
Wo?

Weiterführendes: Adverbiale Bestimmungen
der Art und Weise und des Grundes

> Mit einer **adverbialen Bestimmung** kann man auch ausdrücken,
> **wie** (auf welche Art und Weise) oder **warum** (aus welchem Grund)
> etwas geschieht.
> Nach der adverbialen Bestimmung **der Art und Weise** fragt man
> mit **wie?** Nach der adverbialen Bestimmung **des Grundes** fragt
> man mit **warum?** oder **weswegen?**

1 Unterkringele die adverbialen Bestimmungen der Art und Weise.

Mit großem Einsatz kam die Mannschaft ins Finale.

Dieser Lehrer schreibt immer sehr klein.

Als Radfahrer muss man vorsichtig fahren.

Klaus erreichte mit Glück noch den Bus.

2 Unterkringele die adverbialen Bestimmungen des Grundes.

Vor lauter Freude vergaß Pia ihre Schultasche.

Die Kinder durften wegen des schlechten Wetters nicht nach draußen.

Aus Wut trat der Fußballer gegen die Werbetafel.

Der Held weinte vor Glück.

**Hier kannst du prüfen, ob du alle adverbialen Bestimmungen
(der Zeit, des Ortes, der Art und Weise, des Grundes) erkennst.**

3 **a.** Unterkringele im Text unten alle adverbialen Bestimmungen.
b. Ordne die adverbialen Bestimmungen in eine Tabelle in deinem Heft.

			Starthilfe
Adverbiale Bestimmungen des Ortes	Adverbiale Bestimmungen der Zeit	Adverbiale Bestimmungen der Art und Weise	Adverbiale Bestimmungen des Grundes
...	letzte Woche	...	...

Letzte Woche fuhr Frank nach Bielefeld. Dort wohnt seine Oma.
Seit vier Wochen freute er sich. Er wollte zwei Tage bleiben.
Wegen seines kaputten Fahrrades nahm er den Bus. Er kam um
14:30 Uhr zur Bushaltestelle und entwertete seinen Fahrschein
5 sehr sorgfältig. An der vorletzten Haltestelle stieg ein Kontrolleur
zur Fahrscheinkontrolle ein. Aufgeregt suchte Frank seine Fahrkarte.
Wegen des Lochs in seiner Hosentasche war sie in das Hosenbein
gerutscht. Peinlich berührt stand Frank auf und schüttelte sein Bein.
Die Fahrkarte fiel auf den Boden. Mit zitternder Hand zeigte er sie
10 dem Kontrolleur.

Das kann ich! – Satzglieder

1 Stelle den folgenden Satz zweimal um.

Olga hatte starke Zahnschmerzen.

Aussagesatz: _____

Fragesatz: _____

2 Umrahme in jedem Satz das **Subjekt** so:

In der Pause spielen Frank und Thomas Tischtennis.

Das spannende Buch liegt auf dem Tisch.   Heute kaufe ich mir ein Eis.

3 Umrahme in jedem Satz das **Prädikat** so:

Peter und Dirk fahren mit dem Rad an den See.

Ich kaufe mir ein neues Buch.   Die Katze liegt in der Sonne.

4 **a.** Umrahme **Akkusativobjekte** und **Dativobjekte** so:
   b. Markiere die **Dativobjekte** zusätzlich farbig.

Der Bote brachte den Schülern einen Brief.

Dem Deutschlehrer zeigt Kai die Hausaufgaben.

Andreas schickt seinem Opa eine Ansichtskarte.

Bitte beantworte mir meine Frage.

5 **a.** Unterkringele alle **adverbialen Bestimmungen der Zeit**
   und **des Ortes**.
   b. Schreibe passende Fragewörter und die adverbialen Bestimmungen
   gemeinsam auf die Linien.

In der ersten Stunde besuchte ein Polizist die Klasse 6a. Er kam aus
Paderborn. Mit ihm zusammen gingen die Schüler zur Bushaltestelle.
Am Bus wird nämlich immer viel gedrängelt. Der Polizist berät
die Schüler der sechsten Klassen seit vielen Jahren. Die Beratung
dauert neunzig Minuten. Bis zur Klassenfahrt müssen die Schüler
das richtige Verhalten gelernt haben.

Adverbiale Bestimmungen der Zeit: _____

_____

_____

_____

Adverbiale Bestimmungen des Ortes:_____

_____

Gesamtpunktzahl: /30 Punkte

Der Kompetenztest

Das kann ich! – Texte lesen und verstehen

1 Lies den Text mit Hilfe des Textknackers.
Du findest die Arbeitstechnik in der Klappe vorne im Heft.

Tiere im Winter

① Zugvögel haben es gut – sie können, wenn es kalt wird, dorthin
fliegen, wo es wärmer ist. Viele Tiere können das nicht. Sie müssen
andere Lösungen finden. Manche Tiere bekommen ein dickes Fell
als Kälteschutz. Andere verkriechen sich in Höhlen, Baumstämmen
5 oder Gebäuden. Sie bewegen sich nur noch wenig oder gar nicht
mehr. So sparen sie Kräfte und brauchen viel weniger zu fressen.
Viele kleine Säugetiere schlafen fast den ganzen Winter hindurch,
die größeren ruhen sich nur aus. Insekten werden ganz starr und
bewegen sich erst wieder, wenn es wärmer wird.

Siebenschläfer im Winterschlaf

10 Beim Winterschlaf wird viel Energie gespart und so kommen
die Tiere mit ihren vorher angefressenen Fettdepots über den Winter.
Igel, Fledermäuse, Siebenschläfer und Murmeltiere
können dazu ihre eigene Körpertemperatur stark
senken. Ihr Herzschlag wird ganz langsam.
15 Winterschlaf bedeutet nicht Tiefschlaf. Zwischendurch
wachen die Tiere auch auf. Sie fressen aber nichts.
Werden die Winterschläfer öfter gestört, kann das
für sie tödlich sein. Das kostet sie nämlich Energie.
Sie brauchen dann Futter und finden aber keines.

Winterschläfer			
		Igel	**Murmeltier**
Herzschläge pro Minute	wach	bis 320	80
	schlafend	bis 21	5
Atemzüge pro Minute	wach	bis 50	30
	schlafend	bis 1	0,2

20 Winterruhe halten Dachs, Eichhörnchen, Maulwurf, Waschbär
und Braunbär. Diese Tiere senken ihre eigene Körpertemperatur
nicht so stark wie Winterschläfer. Sie wachen häufiger auf und
suchen gelegentlich nach Nahrung. Braunbären, die im kalten
Sibirien wohnen, verbringen bis zu sieben Monate in der Bärenhöhle.
25 In Europa, wo es nicht ganz so kalt wie in Sibirien wird, verlassen sie
im Winter mehrfach ihre Höhle. Im warmen Zoo, in dem es auch
genügend Futter gibt, halten Bären überhaupt keine Winterruhe.

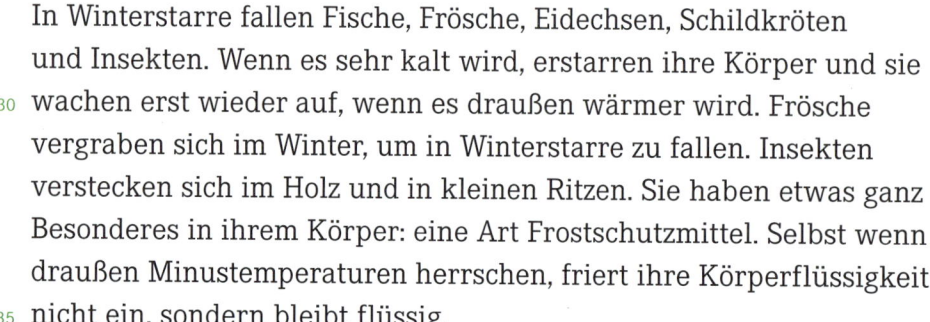

Braunbär im Winter

In Winterstarre fallen Fische, Frösche, Eidechsen, Schildkröten
und Insekten. Wenn es sehr kalt wird, erstarren ihre Körper und sie
30 wachen erst wieder auf, wenn es draußen wärmer wird. Frösche
vergraben sich im Winter, um in Winterstarre zu fallen. Insekten
verstecken sich im Holz und in kleinen Ritzen. Sie haben etwas ganz
Besonderes in ihrem Körper: eine Art Frostschutzmittel. Selbst wenn
draußen Minustemperaturen herrschen, friert ihre Körperflüssigkeit
35 nicht ein, sondern bleibt flüssig.

Wird es im Frühling wieder wärmer, dann ist das das Wecksignal für
die schlafenden Tiere. Und auch die Zugvögel kommen wieder zurück.

Frosch in Winterstarre

2 **a.** Markiere die Absätze am Textrand mit Kreisen und nummeriere sie.

    b. Schreibe für die Absätze 2 bis 5 passende Überschriften.

      ① *Wegfliegen oder Kräfte sparen*   ② _____

      ③ _____   ④ _____

      ⑤ _____

3 Lies die Fragen der Aufgaben **4** bis **9** genau.

    Kreuze jeweils die **eine** richtige Antwort an.

4 Welche Aussage über den Winterschlaf ist richtig?

    ☐ a) Der Herzschlag der Tiere beschleunigt sich.

    ☐ b) Winterschlaf bedeutet Tiefschlaf.

    ☐ c) Man muss die Schläfer aufwecken, damit sie fressen können.

    ☐ d) Der Herzschlag verlangsamt sich.

5 Welche Aussage über die Winterruhe ist richtig?

    ☐ a) Winterruher brauchen im Winter keine Nahrung.

    ☐ b) Eichhörnchen wachen häufiger auf und suchen nach Nahrung.

    ☐ c) Der Igel hält Winterruhe von November bis März.

    ☐ d) Im Zoo ist die Winterruhe wegen der Besucher verboten.

6 Welche Aussage über die Winterstarre ist richtig?

    ☐ a) Insekten haben eine Art Frostschutzmittel im Körper.

    ☐ b) Frösche überwintern auf dem Grund eines Sees.

    ☐ c) Wenn Fische Hunger haben, wachen sie auf.

    ☐ d) In Winterstarre fallen vor allem Säugetiere.

7 Winterschläfer können Probleme bekommen, …

    ☐ a) … wenn es kalt wird.

    ☐ b) … wenn sie geweckt werden.

    ☐ c) … wenn sie nur noch ein- bis zweimal pro Minute atmen.

    ☐ d) … wenn ihr Herz nur noch fünfmal pro Minute schlägt.

8 Weshalb halten Bären im Zoo keine Winterruhe?

    ☐ a) Sie werden von den Besuchern gestört.

    ☐ b) Es ist warm und es gibt genug Futter.

    ☐ c) Sie bekommen zu viel Futter und brauchen Bewegung.

    ☐ d) Sie werden extra für die Besucher wach gehalten.

9 Erkläre die Tabelle zum Text. Worüber gibt sie Auskunft?

    Sie gibt Auskunft …

    ☐ a) … über Herzschläge und Atemzüge pro Minute bei Winterruhern.

    ☐ b) … über das Verhalten von Fischen bei Frost.

    ☐ c) … über Herzschläge und Atemzüge pro Minute bei Igel und Murmeltier.

    ☐ d) … über die Winterschläfer, wenn diese aufwachen.

Gesamtpunktzahl dieser Seite:

10 Ergänze zu den folgenden Aussagen Begründungen aus dem Text. Beachte dabei die Rechtschreibung.

a) Werden Winterschläfer oft gestört, kann das für sie tödlich sein,

weil _____

b) Frösche wachen aus der Winterstarre erst wieder auf,

wenn _____

11 Vervollständige die folgende Tabelle mit Angaben aus dem Text.
a. Ergänze zuerst die Überwinterungsformen in der ersten Spalte.
b. Ergänze in der zweiten Spalte wichtige Angaben in Stichworten.
c. Ergänze in der dritten Spalte vorhandene Angaben in Stichworten.
d. Trage in der vierten Spalte die Tiere zu der Überwinterungsform ein.
e. Ergänze eine passende Überschrift für die Tabelle.

Überwinterungsform	Körperveränderung	Nahrungs- aufnahme	Beispieltiere
_____			
_____			
_____			

Texte lesen und verstehen – Gesamtpunktzahl:

Das kann ich! – Rechtschreiben

1 Wie heißen die drei wichtigsten Rechtschreibhilfen?

das _____ , das _____ und das _____

/3 Punkte

2 Gliedere die Wörter in Silben. die Klassenfahrt _____

der Besprechungsraum _____

die Vertretungsstunde _____

/3 Punkte

3 Wende eine Rechtschreibhilfe an. Schreibe das Wort noch einmal auf.

der Käfi__ (g/k)   viele _____ zur Auswahl → also _____

das Geträn__ (g/k)   es gibt kalte _____ → also _____

das Bil__ (d/t)   ich male viele _____ → also _____

bun__ (d/t)   ich mag _____ Farben → also _____

/4 Punkte

4 **g** oder **k**? **d** oder **t**? Entscheide die Schreibung.

stren__   kran__   der Stif__   das Haarban__

/4 Punkte

5 **a.** Ergänze den folgenden Satz.

Du kannst Wörter mit **ä** oder **äu** von verwandten Wörtern mit __ oder __ ableiten.

/2 Punkte

b. Entscheide! Schreibe die Wörter richtig auf die Linie.

h____fig (äu/eu) _____   gebr____chlich (äu/eu) _____

l__stig (ä/e) _____   tats__chlich (ä/e) _____

/4 Punkte

c. Drei der folgenden Wörter kannst du nicht ableiten. Markiere sie.
d. Schreibe diese drei Merkwörter auf die Linien.

ungefähr, gläubig, häuslich, der Lärm, die Fähre, die Säule, die Bäuerin

/3 Punkte

_____ _____ _____

6 **a.** Ergänze die Merksätze zur Großschreibung.
b. Bilde zu jedem Merksatz vier Nomen. Schreibe in dein Heft.

A Aus _____ können Nomen werden. Der Artikel **das** und
die Wörter **zum**, **beim** und **im** machen's.   (lesen, schlafen, lachen, denken)

/5 Punkte

B Aus _____ und _____ können Nomen werden.
Die Endungen **–ung**, **-keit**, **-heit** und **–nis** machen's.   (frei, leisten, fertig, erleben)

/5 Punkte

C Aus _____ können Nomen werden.
Die Wörter **etwas**, **nichts** und **viel** machen's.   (gut, alt, sauer, grün)

/5 Punkte

Gesamtpunktzahl dieser Seite: /38 Punkte

7 Schreibe den Text in dein Heft und entscheide über die Großschreibung.

/11 Pun

Von der ÜBERRASCHUNG, die unser Lehrer für uns hatte, hatten wir
keine AHNUNG. Am letzten Schultag überraschte er uns nämlich
mit einem Frühstück im Klassenzimmer. Viel GESUNDES stand
auf dem Tisch. Es war für jeden etwas LECKERES dabei. Auch
5 LECKERES Obst stand zum ESSEN bereit. Es gibt nichts SCHÖNERES
als ein GESUNDES Frühstück!
Beim FRÜHSTÜCKEN teilte uns Herr Meier eine große NEUIGKEIT mit.
Wir WARTETEN seit Wochen auf das ERGEBNIS eines Schülerwettbewerbs. Für den ersten Preis hat sich das WARTEN gelohnt. Das ist
10 etwas TOLLES. Danach teilte Herr Meier uns zum ABWASCHEN ein.
Einige SAMMELTEN das Geschirr ein, andere SPÜLTEN oder TROCKNETEN
das Geschirr.
Während der fünften Stunde SPIELTEN wir auf dem Sportplatz
Völkerball. Beim SPIELEN stellten wir fest, dass uns das ÜBEN in
15 den letzten Wochen viel SICHERHEIT beim AUSWEICHEN gebracht hat.
Jetzt müssen wir nur das ZUWERFEN noch besser ÜBEN.

8 Welcher Merksatz ist richtig? Kreuze an.

/2 Punk

☐ In den meisten Wörtern steht **kein h** nach einem
lang gesprochenen Vokal (a, e, o, u) oder **Umlaut (ä, ö, ü)**.
☐ In den meisten Wörtern steht **ein h** nach einem
lang gesprochenen Vokal (a, e, o, u) oder **Umlaut (ä, ö, ü)**.

9 In der Wörterliste rechts gibt es vier Fehler.
a. Streiche in zwei Wörtern das **h**.
b. Ergänze in zwei Wörtern ein **h**.
c. Schreibe die vier Wörter richtig auf.

/4 Punk

Achtung: Fehler!

die Schule, kam, one,
die Fahrt, nun, schöhn,
kühl, der Hahfen, gut,
der Fehler, die Krone,
die Not, (sie) waren,
sehr, (sie) wonten,
der Abend, der Monat

_____   _____

_____   _____

Rechtschreiben – Gesamtpunktzahl: /55 Pun

Das kann ich! – Grammatik

1 Umrahme die Subjekte , Prädikate , Akkusativobjekte und Dativobjekte .
Markiere die Dativobjekte zusätzlich.

/12 Pun

Herr Klasing schenkt seiner Tochter ein neues Handy.

Kauft Florian den Mitschülern die Kekse?

Die Eltern wünschen der Lehrerin eine erfolgreiche Klassenfahrt.

Grammatik – Gesamtpunktzahl dieser Seite: /12 Pur

2 **a.** Markiere in den Sätzen die adverbialen Bestimmungen des Ortes und der Zeit.
b. Schreibe sie mit passenden Fragewörtern in dein Heft.

Am Montag fahren wir mit unserer Klasse nach Hamburg.
Bis Sonntag hatte die Parallelklasse dort schlechtes Wetter.
Seit Montag hoffen wir, dass wir in Hamburg mehr Glück
mit dem Wetter haben werden.

wo? (2 x)
wann?
bis wann?
wohin?
seit wann?

3 Ergänze passende Verben vom Rand im Präteritum.

Zum Tag der offenen Tür _____ viele Eltern.

Fast alle _____ unsere leckeren Waffeln.

Beim Fußballspiel _____ viele Zuschauer am Rand.

essen
stehen
kommen

4 Markiere im folgenden Text die zweiteiligen **Perfektformen**.
– Markiere die Perfektformen mit Rot, die mit **haben** gebildet werden.
– Markiere die Perfektformen mit Blau, die mit **sein** gebildet werden.

Adrian erzählt: „Gestern haben wir das Schulfest vorbereitet.
Wir sind in viele Geschäfte gegangen und haben dort Spenden
für das Schulfrühstück am Samstagmorgen gesammelt. Danach
sind wir nach Paderborn gefahren, um Lebensmittel einzukaufen."

5 **a.** Markiere alle **Personalpronomen** im **Singular** mit Gelb.
b. Markiere alle **Personalpronomen** im **Plural** mit Blau.
c. Markiere alle **Possessivpronomen** mit Rot.

Sahin redet mit Marco, dem gerade sein Fahrrad geklaut wurde:
„Ich glaube dir, dass du dein Fahrrad angeschlossen hast. Aber
es wäre dir vielleicht nicht passiert, wenn wir unsere Fahrräder
zusammengeschlossen hätten. Mein Fahrrad ist alt – sie wollten
es wohl nicht haben." Marco denkt frustriert: „Er hat ja Recht,
aber was hilft es mir? Mein Fahrrad ist weg."

6 **a.** Markiere Wortgruppen, die in einem Fall stehen:
im Nominativ mit Gelb, im Genitiv mit Rot, im Dativ mit Grün
und im Akkusativ mit Blau.
Tipp: Achte auf die Artikel und wende die W-Fragen an.
b. Schreibe jeweils zwei Wortgruppen im Genitiv und im Dativ ab.

Der junge Hund des netten Nachbarn hat ein braunes Fell.
Der Nachbar hat dem neuen Hund eine lange Leine angelegt.
Die kleinen Kinder des Nachbarn geben dem Hund leckeres Futter.

Genitiv: _____ _____

Dativ: _____ _____

Punkte

/6 Punkte

/3 Punkte

/4 Punkte

/16 Punkte

/10 Punkte

/4 Punkte

Grammatik – Gesamtpunktzahl: /55 Punkte

Das kann ich! – Berichten

1 Schreibe die sieben **W-Fragen** auf, die ein Bericht beantworten sollte.

_____

_____

_____

/7 Punkte

Aus der Neustädter Allgemeinen Zeitung vom 18. Mai 2010

Glück im Unglück hatte die 70-jährige Rentnerin Waltraud Schulze, die gestern zusammen mit ihren Enkelkindern Adrian (12 Jahre) und Sophia (9 Jahre) den Neustädter Zoo besuchte. Frau Schulze kaufte ihren Enkelkindern eine Tüte mit Futter für die Ziegen
5   im Streichelzoo. Das leckere Futter, das überwiegend aus verschiedenen Getreidesorten besteht, verkauft der Zoo seit drei Jahren für nur 80 Cent. Zunächst steckte Frau Schulze die Tüte in ihre Manteltasche. Nachdem sie mit ihren Enkeln den Streichelzoo gegen 12:30 Uhr betreten hatte, kam ein hungriger Ziegenbock
10 angelaufen, der vom Futter in der Manteltasche angelockt wurde. Als er Frau Schulze mit seinen Hörnern leicht berührte, verlor die alte Dame das Gleichgewicht und fiel zu Boden. Ihr Fuß schmerzte so stark, dass sie zunächst nicht aufstehen konnte. Während Sophia mit lautem Geschrei den Ziegenbock verscheuchte, rannte Adrian
15 sofort los, um Hilfe zu holen. Nur fünf Minuten später war er mit einer Tierpflegerin und einem Sanitäter zurück. Es ist wirklich toll, dass der seit 1989 bestehende Zoo so aufmerksames Personal hat! Während die Tierpflegerin den hungrigen Ziegenbock in den Stall brachte, kümmerte sich der Sanitäter um Frau Schulze. Nach
20 einer kurzen Behandlung konnte die alte Dame ihren Zoobesuch in Richtung Löwengehege fortsetzen. Sie hatte sich lediglich eine leichte Prellung am Fuß zugezogen.

2 **a.** Zwei Sätze gehören nicht in einen Bericht. Markiere sie.
   b. Begründe, warum diese Sätze nicht in den Bericht gehören.

/2 Punkte

Begründung für den ersten markierten Satz: _____

/2 Punkte

_____

Begründung für den zweiten markierten Satz: _____

/2 Punkte

_____

_____

3 Beantworte die W-Fragen in ganzen Sätzen.
Schreibe im Präteritum in dein Heft.

/7 Punkte

> **Starthilfe**
> 1. Wann passierte es?
>   Es passierte am 17. Mai 2010 gegen …

Berichten – Gesamtpunktzahl:

/20 Punkte

Das kann ich! – Texte überarbeiten, Stellung nehmen

☐ Neulich habe ich etwas Aufregendes erlebt! ☐ Am 10. Mai 2010 besuchte ich mit meiner Schwester Sophia und meiner Oma Waltraud den Neustädter Zoo. ☐ Gegen 10:30 Uhr kaufte Oma Waltraud eine Tüte Tierfutter und steckte sie in ihre Handtasche. ☐ Anschließend
5 betraten wir den Streichelzoo. ☐ Plötzlich berührte das Tier meine Großmutter mit seinen Hörnern. ☐ Sie hat das Gleichgewicht verloren und fiel zu Boden. ☐ Nach einer kurzen Behandlung des Fußes haben wir noch die Löwen besucht. ☐ Während meine Schwester den Schafbock verjagte, holte ich eine Tierpflegerin
10 und einen Sanitäter, der eine leichte Prellung am Fuß meiner Oma feststellte. ☐ Sofort witterte ein Ziegenbock das Futter in der Tasche meiner Oma. ☐ Ich finde, dass Oma Waltraud echt tapfer ist!

1 **a.** Lies Adrians Bericht über den Vorfall im Zoo.
b. Zwei Sätze gehören nicht in einen Bericht. Streiche sie durch.

/2 Punkte

2 **a.** Markiere im Text zehn Verben im Präteritum mit Blau.

/4 Punkte

b. Streiche zwei falsche Zeitformen. Schreibe sie im Präteritum an den Rand.

/2 Punkte

Achtung: Die durchgestrichenen Sätze aus Aufgabe 1 zählen hier nicht!

3 Adrians Text enthält vier inhaltliche Fehler.

/4 Punkte

a. Vergleiche Adrians Text mit dem Zeitungsbericht auf Seite 92.
Markiere die falschen Angaben mit Rot.
b. Schreibe die richtigen Angaben neben den Text.

4 Adrians Text ist durcheinandergeraten. Nummeriere die nicht durchgestrichenen Sätze in der richtigen Reihenfolge.

/8 Punkte

5 Schreibe Adrians Bericht überarbeitet und mit Überschrift in dein Heft.

/10 Punkte

Die Schüler der 6 b diskutieren über einen geplanten Zoobesuch:

„Ein Zoobesuch ist super." „Ein Zoobesuch ist sinnvoll, weil man viel über das Verhalten von Tieren lernt." „Im Zoo ist es doch langweilig." „Ein Zoobesuch dient der Klassengemeinschaft, weil wir gemeinsam etwas Tolles erleben." „Genaues über das Verhalten lernen wir im Zoo nicht, da sich dort die Tiere anders verhalten als in der Wildnis." „Ein Zoobesuch dient nicht der Klassengemeinschaft, weil wir nur in kleinen Gruppen herumgehen." „Der Zoobesuch ist gut für den Kunstunterricht, da wir uns die Tiere genau ansehen können."

6 **a.** Markiere **Behauptungen** blau und die **Begründungen** (Argumente) rot.

/10 Punkte

b. Bitte den Schulleiter, Herrn Müller, in einem offiziellen Brief um Erlaubnis für den Zoobesuch. Schreibe in dein Heft.

/12 Punkte

– Verwende dabei drei gute Argumente für den Zoobesuch.
– Ergänze zu einem Argument ein eigenes Beispiel.

/3 Punkte

Texte überarbeiten, Stellung nehmen – Gesamtpunktzahl:

/55 Punkte

Der Kompetenztest – Gesamtpunktzahl:

/235 Punkte

Wissenswertes auf einen Blick

Rechtschreiben

Das Gliedern, das Verlängern, das Ableiten

Beim **Gliedern** zerlegst du mehrsilbige Wörter in Sprechsilben.
Beispiel: Regenwolke

d oder **t**, **g** oder **k** am Ende eines Wortes? Das **Verlängern** bringt die Entscheidung.

der Aben**d** – die langen Aben**de**   das Geträn**k** – die kalten Geträn**ke**

    ↓   ↓   ↓   ↓

    d/t?   **d!**   **g/k?**   **k!**

ä und **e** klingen in vielen Wörtern ähnlich.
Leite ab: Finde ein verwandtes Wort mit **a** und du weißt, dass du **ä** schreiben musst.

die W**ä**rme kommt von w**a**rm – also ä

    ↓   ↓

    ?   **a!** ⟶ **ä**

Übungen S. 36–38

Wortbildung

Verben verbinden sich besonders häufig mit den Vorsilben **ver-**, **be-**, **ent-** und **er-**.

ver- + kaufen = verkaufen   be- + fahren = befahren   ent- + wässern = entwässern   er- + finden = erfinden

Beim Zusammensetzen von Nomen muss manchmal ein **s** oder ein **n** eingefügt werden.

die Entdeckung   + **s** + die Reise   = die Entdeckung**s**reise
die Klasse   + **n** + das Buch   = das Klasse**n**buch

Mit Verben oder Adjektiven werden neue Nomen gebildet.

überhol(en) + die Spur = die Überholspur   grün + der Specht = der Grünspecht

Aus Nomen und Adjektiven werden neue Adjektive.

die Umwelt + freundlich = umweltfreundlich   dick wie ein Finger = fingerdick

Übungen S. 39–42, 61

Großschreibung

Aus **Verben** können **Nomen** werden. Der Artikel **das** und die Wörter **zum**, **beim** und **im** machen's!

rechnen ⟶ das Rechnen / zum Rechnen / beim Rechnen / im Rechnen

Achtung! Zwischen **das**, **zum**, **beim** und **im** und dem Nomen steht manchmal ein Adjektiv. Die Großschreibung des Verbs bleibt. Das Adjektiv wird kleingeschrieben. das Schreiben ⟶ das gute Schreiben

Aus **Verben** und **Adjektiven** können **Nomen** werden. Die Endungen **-ung**, **-keit**, **-heit** und **-nis** machen's!

wohn(en) ⟶ die Wohnung   freundlich ⟶ die Freundlichkeit   frei ⟶ die Freiheit
erlaub(en) ⟶ die Erlaubnis

Aus **Adjektiven** können **Nomen** werden. Die Wörter **etwas**, **nichts**, **viel** und **wenig** machen's!

neu ⟶ etwas Neues ⟶ nichts Neues ⟶ viel Neues ⟶ wenig Neues

Übungen S. 43–45

Zusammenschreibung

Wortverbindungen mit **irgend-** werden immer **zusammengeschrieben**. irgendetwas, irgendwelche, irgendjemand, irgendwo, irgendwie, irgendwoher, irgendein, irgendwann

Übungen S. 46

Getrenntschreibung

Die **Getrenntschreibung** gilt für: gar nicht, ein bisschen, auf einmal, ein wenig, darüber hinaus, gar kein.

Übungen S. 46

Kleinschreibung

Das Wort **beide(n)** wird immer **kleingeschrieben**: die beiden, euch beide, wir beide, diese beiden.
Tageszeiten und **Wochenzeiten** mit einem **s** am Ende werden immer **kleingeschrieben**.
der Morgen ⟶ morgens   der Sonntag ⟶ sonntags

Übungen S. 46–47

Wörter mit ie, ih und langem i

Die meisten Wörter mit einem **lang gesprochenen i** werden im Deutschen mit **ie** geschrieben.
Nur in wenigen Wörtern folgt nach dem **lang gesprochenen i** kein **e**.
Diese Wörter musst du dir merken, zum Beispiel: gib, mir, dir.
Sehr selten folgt nach dem **lang gesprochenen i** ein **h**: ihm, ihn, ihr.

Übungen S. 48–49

Wörter ohne h und mit h

In den meisten Wörtern steht **kein h** nach einem **lang gesprochenen Vokal (a, e, o, u)** oder **Umlaut (ä, ö, ü)**.
das T**o**r (langer Vokal)   die T**ü**r (langer Umlaut)

Einige **wenige Wörter** werden nach **lang gesprochenen Vokalen (a, e, o, u)** oder **Umlauten (ä, ö, ü) mit h** geschrieben. Sie behalten das **h in allen Wortformen** der Wortfamilie.
Einmal h – immer h!   z**äh**len   bez**ah**len   die Z**ah**l   z**äh**lbar

Übungen S. 50–53

Zeichensetzung

Komma

Die Wörter einer **Aufzählung** trennt man durch Kommas voneinander.
Ausnahme: Kein Komma vor **und** oder **oder**: Ich liebe grüne, rote **und** blaue Farben.

Übungen S. 56

Eine **Anrede** und ein **Ausruf** werden vom Satz durch **Komma** abgetrennt.
Leise flüsterte Jan: „**Maria,** ich mag dich."   Der Junge rief: „**Hilfe,** ich komme nicht wieder runter!"
                    Anrede   Ausruf

Übungen S. 57

Nach Verben des Sagens, Denkens und Meinens folgen oft **dass**-Sätze.
Der **dass**-Satz wird durch **Komma** vom Hauptsatz abgetrennt.
Ich hoffe sehr**, dass** so etwas nicht noch einmal vorkommt.

Übungen S. 54–55

Beginnt ein Satz mit **als**, **weil** oder **wenn**, folgt häufig etwas später ein Komma.
Das **Komma** steht **zwischen zwei Verben**.
Als ich dich **sah, freute** ich mich sehr.   **Weil** es spät **ist, gehe** ich jetzt nach Hause.

Übungen S. 58

Grammatik

Nomen

Nomen bezeichnen Lebewesen (Menschen, Tiere, Pflanzen), Gegenstände
und gedachte oder vorgestellte Dinge. **Nomen schreibt man** im Deutschen immer **groß**.

Vor einem **Nomen** steht oft ein **bestimmter Artikel** (der, das, die)
oder ein **unbestimmter Artikel** (ein, ein, eine).

Übungen S. 60–61

Adjektive

Mit **Adjektiven** kann man Personen, Tiere oder Gegenstände genauer beschreiben:
eine **nette** Lehrerin, ein **großer** Hund, ein **langes** Kleid.

Will man Gegenstände, Tiere, Menschen ... miteinander vergleichen,
kann man **gesteigerte Adjektive** verwenden: **Grundform**   **Komparativ**   **Superlativ**
                                                                                  (so) groß (wie)   größer (als)   am größten

Übungen S. 62

Die vier Fälle

Nomen und Wortgruppen mit Nomen können in **verschiedenen Fällen** (Kasus) stehen.
Man kann nach dem Fall, in dem ein Nomen steht, fragen. Im Deutschen gibt es vier Fälle:

Übungen S. 63–67

Fälle	Fragen	
Nominativ (1. Fall)	Wer oder was?	**Das Meerschweinchen** ist klein.
Genitiv (2. Fall)	Wessen?	Das Fell **des Hundes** ist weich.
Dativ (3. Fall)	Wem?	**Der Katze** gebe ich Futter.
Akkusativ (4. Fall)	Wen oder was?	Ich nehme **den Hund** mit.

Verben

Verben im Präsens: Verben im **Präsens** verwendet man, um auszudrücken,
– was man **regelmäßig** tut: Sie spielt jeden Tag mit ihrer Katze. oder
– was man **jetzt** tut: Sie spielt jetzt gerade mit ihrer Katze.
Bei vielen Verben bleibt der **Verbstamm** gleich. Es verändern sich nur die **Endungen**.
Sie richten sich nach der Person.
Trennbare Verben können im Satz auseinanderstehen: einkaufen – im Satz: Er kauft Futter ein.

Übungen S.72

Übungen S.74–75

Verben im Präteritum: Wenn man schriftlich über etwas berichtet oder erzählt, was schon vergangen ist,
verwendet man das **Präteritum**. Viele Verben bilden das Präteritum mit folgenden **Endungen**:
Ich lern**te**, du lern**test**, er/sie/es lern**te**, wir lern**ten**, ihr lern**tet**, sie lern**ten**.
Bei einigen Verben **ändert** sich im Präteritum der **Wortstamm**. **find**en: Sie **fand**en die Knollen in der Erde.
Manche Verben haben in der 1. und 3. Person Singular Präteritum keine Endung.
ich **fand**, er/sie/es **fand**   aber: du **fand**est, wir **fand**en, ihr **fand**et, sie **fand**en

Übungen S.68–69

Verben im Perfekt: Wenn man etwas **mündlich** erzählt, was schon vergangen ist, verwendet
man meist das **Perfekt**. Viele Verben bilden das Perfekt mit **haben**: Marie hat gelacht.
Einige Verben bilden das Perfekt mit **sein**, vor allem Verben der Bewegung: Peter ist gelaufen.

Übungen S.70

Verben im Futur: Wenn man über Tätigkeiten oder Vorgänge spricht, die in der Zukunft liegen, die also noch nicht
geschehen sind, dann verwendet man oft das **Futur**: Wir **werden** nächste Woche **verreisen**.

Übungen S.71

Pronomen

Personalpronomen: Die **Personalpronomen ich, du, er, sie, es, wir, ihr, sie** kann man für Personen,
Lebewesen und Dinge einsetzen. Sie können im **Singular** und im **Plural** stehen.
Personalpronomen werden für Nomen eingesetzt, um die Nomen nicht ständig zu wiederholen.

Übungen S.76–77

Possessivpronomen: Possessivpronomen zeigen an, wem etwas gehört. Sie können im **Singular** und im **Plural**
stehen: **mein/meine**, **dein/deine**, **sein/seine**, **ihr/ihre**, unser/unsere, euer/eure, ihr/ihre.
Wenn man nach einer Wortgruppe mit einem Possessivpronomen mit **Wen oder was?** oder **Wem?** fragen kann,
kann sich auch die Endung des Possessivpronomens ändern.
Sein Hund bellt. Er hört sein**en** Hund bellen. Er gibt sein**em** Hund Futter.

Übungen S.78

Satzglieder

Mit der **Umstellprobe** kannst du Satzglieder ermitteln. Ein **Satzglied** kann aus einem Wort oder
aus mehreren Wörtern bestehen. Die Wörter eines Satzglieds kann man nur gemeinsam umstellen.
Die wichtigsten Satzglieder sind:

Subjekt	Prädikat	Objekt
Der Torwart	hielt	jeden Ball.

Übungen S.80–81

Subjekt: Das **Subjekt** kann eine Person oder eine Sache sein. Es kann aus einem Wort oder mehreren Wörtern
bestehen. Mit **Wer?** oder **Was?** fragt man nach dem Subjekt.
Wer spielt Flöte? **Lukas** spielt Flöte.   **Was** rollt? **Der blaue Ball** rollt.

Prädikat: Das **Prädikat** sagt etwas darüber aus, was jemand tut oder was geschieht.
Mit **Was tut / tun ...?** fragt man nach dem Prädikat. **Was tut** Lukas? Lukas **pfeift**.

Objekte: Mit **Wen?** oder **Was?** fragt man nach dem **Akkusativobjekt**.
Wen grüßt Nina? Nina grüßt **den Nachbarn**.   **Was** bastelt Lukas? Lukas bastelt **einen Drachen**.

Mit **Wem?** fragt man nach dem **Dativobjekt**.
Wem leiht Ömet sein Rad? Er leiht das Rad **einem Freund**.

Übungen S.82

Adverbiale Bestimmungen des Ortes und der Zeit:
Nach der **adverbialen Bestimmung** der **Zeit** fragt man mit **Wann?**, **Wie lange?**, **Seit wann?** oder **Bis wann?**
Nach der **adverbialen Bestimmung** des **Ortes** fragt man mit **Wo?**, **Woher?**, **Wohin?**
Am Samstag treffen sich Hacivat und Karagöz im Park.

Übungen S.83–84

Mehr **Wissenswertes auf einen Blick** findest du vorne im Heft und in den Klappen.
Öffne die Klappen, um mit dem **Textknacker** oder dem **Erzählplan** zu arbeiten.